我が故郷のキネマと文学

Yano Kanji
矢野寛治

弦書房

装丁＝毛利一枝
カバー絵・扉題字＝矢野り々子

はじめに

この企画は、二〇一六年早春に、当時西日本新聞大分総局長だった緒方哲二さんが、「なにか矢野さんの故郷大分県について書いてくれませんか」が、始まりだった。

五六年前（一九六七年）、一八歳で上京した時、「どこから来たの」という質問に、「大分」と答えると、せいぜい知られているのは「別府温泉」くらいで、大分県の位置もさだかではない東京人が多かった。やはり九州では福岡が有名で、それでも福岡市よりは博多の方が高名で、福岡と博多の違いを知らない人は多かった。長崎はグラバー邸やオランダ坂、熊本は阿蘇や熊本城、鹿児島はやはり西郷隆盛、宮崎は当時新婚旅行の人気の地だった。佐賀も大分同様の知名度だったと思う。

大分県と云えば、「すべって転んで大分県」が江湖に流布しており、あとは別府温泉、当時まだ由布院や黒川は揚名していなかった。今日でも第一想起は「温泉県」であろう。大分の新しい魅力を、もっと温泉以外に誇れるものはないかと考えた。出身偉人物はこれまでにたくさん著されており、閃いたのは、さて我が大分県を舞台にした文学はどれくらいあるのだろうか、の切り口だった。

それからは図書館通いが始まり、とくに福岡市立総合図書館の司書の皆様にはたくさんのお力添えを頂いた。まあ、調べていくに従って、明治からの文豪たちが多く訪れ、県内各地を舞台にした小説、エッセイ、短歌、俳句、詩ほかを見つけ出すことができた。新聞掲載は都度、発見したものをランダムに発表していったが、今回、上梓にあたって、弦書房の小野静男代表より時系列を提案され、明治から今日までの発表順序としてまとめてみた。それぞれの作品には、やはりその時代に呼応した時代背景やメッセージのあることが浮き彫りになった。

大分県を往来した作家たちの文を読むと、明治、大正、昭和戦前戦後、平成といった時代も浮かび上がってくる。また大分県各地の特徴や風土の味わいも漂ってくる。ならばついでにと、大分県でロケされた映画作品も網羅することとした。DVDを入手し、映画観賞三昧の日々が続いた。

わが故郷は、温泉県だけではない、文学県であり、キネマ（映画）県であることも立証できたかと思う。この仕事は、故郷大分県への「愛郷心」がすべてだった。山紫水明で美味求真の誇れる「文化の県」だと今は少し胸を張っている。

筆者敬白

目次

大正編

Ⅱ　昭和期

戦前編

高度経済成長期編

経済安定期編

Ⅲ　平成・令和期

平成前期（東日本大震災以前）編

平成後期（東日本大震災以後）・令和編

Ⅰ 明治・大正期

明治編

福沢諭吉「中津留別の書」

中津市　一八七〇年

福沢諭吉は中津が本当に嫌いだったか。確かに「福翁自伝」には、不平を口にする下級武士に対して「よしなさい、馬鹿々々しい。この中津に居る限りは、そんな愚論をしても役に立つものない。不平があれば出て仕まうが宜《よ》い、出なければ不平を言わぬが宜い」とたしなめる場面がある。

すでに中津に諦めている。と云うか封

建制度、門閥制度に諦めている。この中津を出ようという機会をうかがっている言葉だ。

諭吉は一四歳から勉強を始めた。最初に金谷《かなや》の山川東林（中津藩校教授、儒学者）の塾で、後に白石常人（照山、中津藩校教授、後に臼杵藩校教授）の塾で学んだ。諭吉二一歳の春、兄・三之助から長崎行きを勧められる。蘭学修行である。

やはり自伝に、

「一度出たらば鉄砲玉で、再び帰って来はしないぞ」と、ぺっと唾を吐いて足早に駆け出したとある。

長崎から、次には大阪北浜の「適塾」（緒方洪庵塾長）へ。その後は上京し蘭学は時代遅れと、英語へと切り替える。諭吉は維新前に三回の洋行をし、「西洋事情」一〇巻を発行、文明開化という明治精神の元を著した。

明治三年、母を東京に迎えたいと中津へ戻る。母を伴って東京へ戻る前夜に記したのが「中津留別の書」である。

「ひろく万国の書を読（み）て、世界の事状に通じよ」と呼びかけ、「願（わ）くは我が旧中津の士民も、今より活眼を開（い）て、まず洋学に従事し、自ら労して自ら食い、人の自由を妨げずして我が自由を達し、（中略）家内安全、天下富強の趣意を了解せらるべし」

「人誰か故郷を思わざらん。誰か旧人の幸福を祈らざる者あらん」

今も反芻し、肝に銘じたい。諭吉は故郷中津が好きだった。

福沢諭吉
「福沢書簡集」

中津市　一八八六年

筆者は中学時代、もう半世紀以上も前になるが、中津市桜町の入口、明蓮寺に英語を習いに通った。お寺で英語、奇妙な取り合わせでしょう。お寺にアメリカ帰りの女の先生がいらっしゃり、この方に長文読解や正しい発音を習っていた。

この明蓮寺に福沢家代々のお墓がある。山門を入って左側のちょいと奥にその小さな墓石は鎮座している。筆者は中津へ帰省すると、このお墓にお参りに行く。

寺町から桜町、三ノ丁界隈を散策するのが好きだ。明蓮寺から桜町を北へ一直線、突き当りが留守居町の福沢旧宅である。横町の弓町にも寄る。諭吉も若き日は、この通りをよく行き来したことであろう。

福沢の書簡集の中に、島津復生（中津藩重臣）に宛てた手紙がある。

「（中津には）龍王の浜あり、高瀬川あり、大貞も可なり、宇佐羅漢もよし」と記している。

また山口広江（中津藩勘定奉行）には、「小生も、一度中津へ参りたく存じ居り候。その用は、墓参を兼ねて椎谷の滝と羅漢寺を一見致すつもりなり。羅漢寺へは六、七歳のとき一度まいり、帰路母におぶさり候ことをかすかに記憶するのみ。他はすべて夢の如し」とある。

この「すべて夢のごとし」の言葉の奥に、福沢の中津への万感の郷愁が含まれている。椎谷の滝だけは、東椎屋の滝（安心院）か、西椎屋の滝（玖珠）か、今となっては分からない。高瀬川とは山国川の江戸時代の旧名である。

筆者が幼い頃の中津駅には、改札口の上の方に「天は人の上に人を造らず」の大きな扁額が上げられていた。中津の子たちはこの言葉を胸に刻んで成長していった。

大井憲太郎「時事要論」

宇佐市　一八八六年

大井憲太郎、自由民権運動の旗手である。一八四三年（天保十四年）、宇佐郡高並村（現・宇佐市院内町）の庄屋の三男に生まれた。本名は高並彦六。一七歳の時、中津の儒学者大久保蔵之助の門弟となる。大久保は福沢諭吉の師でもある。この塾で儒学、人の在り方、論理の作り方、弁法、文章の基礎を習得した。

彦六は諭吉より九歳年下で、福沢を追

うように、同じような学問ルートをたどる。中津で儒学→長崎で蘭学→江戸では開成所（現・東京大学）に入り、英仏学と学問を続ける。

二〇歳の時から、大井姓を名乗る。号は「馬城」と、自らの青雲の志を育んだ故郷の馬城山（御許山）から取っている。いつも脳裏に故郷の山容があり、山に励まされて学問を続けた。もう一つ前を行く、福沢の背中があったかもしれない。

三六歳の時、板垣退助に呼応し、「国会開設運動」に参加。三八歳で代言人（弁護士）となり、自由党結成と同時に入党、三年後には党の顧問になっている。

大井の行動規範は「自由民権、立憲代議制、アジアの解放」である。四〇歳代で出版した「時事要論」では、「人には自主の権利あり」と強調。著書「自由略論」では、「自由は天賦固有に出で、人の作るところに非ざることを論ず」、つまり自由とはもともと人が有しているもので、国や権力から抑えつけられ制限されるものではないと、力説している。

「人存スレバ則チ自由アリ　自由滅スレバ　則チ人死ス」という言葉は、彼の熱き真情に溢れている。

自由というコトバは、江戸時代まではなかった。先を行く福沢諭吉がフリーダムを訳して、自由という言葉を発明した。「自からを由とする」の意である。大井はこの言葉を大いに活用したのだった。

大井憲太郎「土地国有論」

宇佐市　一八八六年

大井憲太郎は明治の六大政治家（伊藤博文、大隈重信、板垣退助、品川弥次郎、後藤象二郎、大井）の一人に数えられる。

四七歳の時、一度瓦解した自由党を中江兆民らと「立憲自由党」として再興する。議会開設に努力し、第三回衆議院選挙で初当選し、五一歳で衆議院議員となる。若き日に儒学で鍛えた語彙と形容詞をもって、美文調のそれでいてラジカルな質疑を行っている。

少し戻るが、四〇歳代後半から、労働者、小作人という弱者の味方となり、「大工左官組合」「靴工組合」「人力車夫組合」などを作り、それらをまとめて「大日本労働協会」を組織した。また庄屋の息子とはいえ、多くの貧しい農民や小作人たちを見て来たのであろう、その暮らしぶりに痛く腐心し、「小作條例期成同盟会」を組織している。

当時の小作は収穫の六五％を地主に払い、汗水たらして丸一年間苦労をしても、自分たちは三五％のもらい分だった。収穫が悪ければ、すぐに地主から農地は取り上げられ、農地がなければ食べてはいけず、一家心中を余儀なくされた。

大井の「土地国有論」が実に彼らしく

興味深いので、ここに引用したい。

「先ず田畑を国有にし、永代小作地となして、再び農民に貸与せんことを欲す。国家は即ち地主にして、田畑を耕す農民は悉く小作人なり。故に、その結果として、一夫たりとも自ら耕す田畑なき不幸の窮民なく、細民といえども恒産を得て、一家安全の基を得るに至らん」

一九二二年（大正十一年）、七九歳で没す。郷里宇佐から親戚はもちろん多くの青年団員が葬儀のために上京している。ちなみに通夜は二日間も行われた。

宇佐が生んだ快男児である。

物集高見
「少年諸君に告ぐ。」

杵築市　一八九〇年

物集高見《もずめたかみ》は一八四七年（弘化四年）七月十日、国学者物集高世（国学者）の長男として速見郡杵築北新町に生まれた。幼い日から大勉強家で熱心に国学漢学を修めていく。長崎や京都にも遊学し、一八六九年（明治二年）に父と共に上京している。経務省、内務省に出仕、後に東京帝国大学教授、学習院教授ほかを歴任した。國學院大學の創立者の一人でもある。

言文一致体を主導し、文法書「初学日本文典」「日本文語」、辞書の始まりとなった「ことばのはやし」「日本大辞林」「広文庫」「群書索引」の編集に心血を注いだ。「少年園」（一八九〇年五月号）という雑誌の中に「少年諸君に告ぐ。」と題した一文がある。

「人生は五十年、七十は古来稀なりといへり。（中略）人世有用の年期は、僅かに三十年に過ぎずして、東上して修学するは、其有用年期三十年の中なり。この三十年にして、二三年を失ふは、惜しみても猶余りあるにあらずや。（中略）我も往くなり。汝も往くべし。男子、いかでか、草木とともに朽ちはつべきとて、三々五々あひ伴ひて上京を企つるは、少年、当然の事なり。余も、亦た、二十年前は少年にして、実に、斯くの如きなりき」

もちろん志を立てたならば、決して東京である必要がないことも付け加えている。この一文の最後に「記者曰く。本篇は物集高見君が殊に大分県の少年諸君に告げられたるものなれども、汎く地方少年の心得となるべきものなれば同君に請ひ得て此に掲載す」と但し書きが付してある。

まずは大分県の少年たちへの檄文だった。父の物集高世、そして高見、子の高量と、父子三代にわたる国文学者の家である。

廣池千九郎「中津歴史」

中津市　一八九一年

筆者の祖母の出た家が中津の永添であり、よく廣池千九郎《ちくろう》先生の生家に連れていかれた。祖母から、人の道はまっすぐであらねばならんと、廣池の偉大さを諭されていた。

廣池は一八六六年（慶応二年）三月、当時、下毛郡鶴居村大字永添字八並で生まれた。一八七一年（明治四年）に、福沢諭吉や小幡篤次郎の肝いりで「中津市学校」が誕生する。福沢がこの学校のために著したのが「学問のすゝめ」である。

廣池は一八七五年（明治八年）に永添小学校に入学、法華寺を借りての学校で、まさにまだ寺子屋だった。あまりの成績の良さに、途中より中津市学校に編入、永添の地から毎朝六キロの道のりを通学している。一九歳で下毛郡形田小学校の訓導（正教員）となり、貧しい農家の子どもたちのために「夜間学校、巡回授業」を行っている。

一八八八年（明治二十一年）に中津高等小学校の訓導に上がり、二〇歳の時に心に人生の誓いを立てる。

①人を誹らない　②貧しい人や弱い人を憐れむ　③五〇歳を過ぎれば、国の為に奔走し、死をもいとわない

一八九〇年（明治二十三年）十二月に中津市金谷西ノ丁に新居を持つ。一八九一年（明治二十四年）十二月に「中津歴史」を上梓する。足掛け五年かけて二五歳で脱稿した。この本が廣池を世に出すきっかけとなった。

一八九二年（明治二十五年）の夏、中津を出て上洛。一八九五年（明治二十八年）に「古事類苑」の編纂に上京する。一二年かけて、全五一巻のうちの四分の一を執筆している。日本最大の百科事典である。後に「道徳科学」の研究に入り、一九二六年（大正十五年）に「モラロジー研究所」をつくる。いわゆる人情、気質、教育、救済と、中津人の有るべき姿として、「中津風」を作り上げていった大道徳家である。

国木田独歩
「欺かざるの記」

佐伯市　一八九四年

国木田独歩は二三歳の時、東京から佐伯町の鶴谷学館の教頭として着任した。この職は徳富蘇峰（国民新聞創刊者、熊本県出身）より勧められ、矢野龍渓（作家、大阪毎日新聞社副社長、佐伯出身）の推薦により、俸給は二五円と高給だった。この町での二五円は超エリートと云える。

「国木田独歩」（芦谷信和－校注）によれば、一八九三年（明治二十六年）九月三十日、佐伯仲町六八の富永旅人宿に旅装を解き、十月六日に佐伯町芳島月本旅人宿に移動。十月二十五日より、旧・佐伯藩家老職で、学館の監事である坂本永年邸に下宿する。

家は城山の麓にあり、「独歩の部屋は二階の見晴らしの良い八畳間（陽の間）、独歩の弟収二は城山側の三畳間（陰の間）だった」と、坂本家の長男真澄氏が思い出として語っている。

石丸紫水氏の「佐伯時代の独歩」によると、「（二人は）仲が好く、いつも並んで歩くため、御神酒徳利と呼ばれていた。」とある。

独歩の著「豊後国佐伯」の中に、「今は残す処ただ其の石垣のみ。石垣の上に、建物の有りし跡は今尚ほ平坦なり。雑草茂り、松生ひ立ち、灌木入り乱れ荒廃に任せけり」とある。

日記「欺かざるの記」明治二十七年二月十日の項に、「昨日午前、城山に登り、独りカーライル（英国の歴史家）を読み、自ら沈思す」とも記している。きっと、彼が大好きなワーズワース（英国の詩人）も読んでいたことであろう。

明治二十年代、日本にはカーライル・ブームがあった。独歩はカーライルもよく読んだようだが、やはり最もワーズワースに影響を受けている。弱者へのやさしさ、森や草花、鳥たちへのまなざしにそれを感じる。

国木田独歩
「源叔父」

佐伯市　一八九七年

独歩は一八九四年（明治二十七年）六月三十日まで坂本邸に居て、翌七月一日葛港の蒸気問屋鎌田旅人宿に転居している。坂本邸を出たのは、七月を持って、鶴谷学館を辞すからである。自ら辞めたのか、辞めさせられたのかは不明である。

推薦人矢野龍渓を批判したとの説もあるが、東京に帰ってからも龍渓には世話になっている。それが原因ではないだろう。生徒たちとの間に溝が生まれたの説もある。宗教的なものだったかもしれない。

同年八月一日に東京に戻る。佐伯には約一〇ヵ月の短い奉職だった。この間、宿の主人鎌田清作夫婦に聞いた話が、「源叔父」という作品になり、一八九七年（明治三十年）八月「文藝倶楽部」（純文学雑誌、博文館）に発表された。独歩の第一作だった。

この頃、独歩は佐々城信子（有島武郎「或る女」のモデル）と離婚の後で、彼女への思いを振り切るために原稿用紙にのめり込み、孤独絶望感の中で筆を進めた。

源叔父は渡し船の船頭である。最愛の妻や息子に死なれた源叔父が、母親に捨てられた可哀そうな少年紀州を引き取り面倒をみる。結局、紀州とも心を通わせられず、嵐の夜に源叔父は首を吊るのでである。哀しいお話だ。

　独歩は「予が作品と事実」（明治四十年九月「文章世界」）の中でこう述べている。

「源叔父其の人も『紀州』と称する乞食の少年も実在の人物である。余が豊後の佐伯町に居た時分、常に接近せるのみならず言葉も交はし其の身の上に就き、深く同情を持ちしことある人物である」

　さらに「此（の）両人を結びつけて初めて此一編が作品となったのである」とも述べている。

　やはりワーズワースの代表作「Ｍｉｃｈａｅｌ（マイケル）」に非常な影響を受けている。

福沢諭吉
「福翁自伝」

中津市　一八九八年

　筆者が幼稚園の頃、「春の市」というイベントでよく公園地（中津城公園）へ行った。ここに「独立自尊の碑」はある。この碑の中段に上がりたいのだが、背がまだ低くてままならない。小学校のお兄ちゃんたちはよじ登って、年少組を見下す。なんとか登れるようになったのは、小二くらいだったろう。碑の根元まで上がり、よく分らぬままに「ド・ク・リ・

ツ・ジ・ソ・ン」と唱えていた。

筆者の家は、敗戦で両親は中国から引き揚げて来ており、財産は何もない。

駅前の引揚者マーケットに三坪の店を借り、飲食店をしていた。店の真上の六畳が住まいで、ここに父母と幼い姉、兄、私と五人、食べるだけがやっとの暮らしだった。

古門富太翁（福沢諭吉の謦咳に触れた最後の弟子）の「福沢諭吉先生の跡を訪ねて」（昭和三十三年）の中に、こんな一節がある。

「諭吉少年十一歳が問う。『お母さんうちも貧乏……』、母お順『やっと十三石二人扶持では、ヤッパリ貧乏の組よ』、諭吉『お母さん、恥ずかしい……』、お順「イイエお母さんは、チッとも恥ずかしいと思わない、人間が一生懸命働いて、それでも貧乏するのはお上がわるいのよ。（中略）ほんとに恥ずかしいのはね諭吉、貧乏を恥ずかしいと思う心だよ」（「福翁自伝」より、古門氏まとめ）

家計が貧しいのは当時の封建制度、門閥制度のせいである。それは「宿命」のせいでもある。天は人間を差別しない、されども生まれ落ちた家に貧富はある。「宿命」は子供のせいではない。かと云って、親のせいでもない。宿命を恨んではいけない。天はすべての人に「宿命」を与えて、人生を全うするまで試している。もっとも気を付けなくてはならないことは、「貧乏を恥ずかしいと思う心」だ。

幼い頃から、この矜持だけは福沢精神から教わった。「独立自尊」とは恥じない心のことを言っている。

森鷗外「小倉日記」①

宇佐市　一八九九年

森鷗外こと森林太郎は一八九九年（明治三十二年）六月に第十二師団（小倉城内）の軍医部長として着任した。一九〇二年（明治三十五年）三月途中まで勤務し、住まいは小倉の鍛冶町にあった。

軍医部長と云うのは少将級である。名刺の肩書を見ると、「第十二師團軍醫部長、陸軍軍醫監従五位、勲五等功四級醫学博士」となっている。世に左遷と云われているが、着任すぐに正五位に叙せられている。

彼の書いた「小倉日記」には、管内をつぶさに見て巡った内容が記されている。巡視の範囲は北九州を中心に、筑豊、福岡、鳥栖、久留米、佐賀、熊本から、大分、別府、宇佐、中津にまで及んでいる。主には徴兵状況を見て巡ったようだ。

一九〇〇年（明治三十三年）六月一日、豊州鉄道（現・JR日豊線）に乗り、四日市駅（現・豊前善光寺駅、宇佐市）で下りている。

日記の中に「人力車を雇ひて宇佐に往き、八幡宮に詣ず。鋳鉄大華表《おおとりい》を入り、蓋ある板橋を渡る。擬宝珠に元和壬戌《みずのえいぬ》と彫りたり。此より屈折して進む」

「神殿は両下、檜皮葺にして銅もて其

棟を被へり。柱は円くして丹塗にせり。飴を売るもの多し。」とある。

あとは坂を越えて、日出の駅に出て、帆足万里の墓に参ろうとしたが果たせなかったとも記述している。翌日、別府に至る間に俳句を物している。

山と海あひだに黄なる麦の秋
強力の毛脛にあたら清水哉

文豪の鷗外と漱石、いずれも発句の教養があった。

小倉時代の末期に二番目の妻荒木志げをもらっている。友に「美術品ラシキ妻」と喜びを伝えているが、小倉日記にはその喜びを書いていない。

森鷗外
「小倉日記」②

中津市　一九〇〇年

「小倉日記」によると、森鷗外は一九〇〇年（明治三十三年）六月七日（晴）、前日まで日田に逗留したあと、人力車で三郷村（中津市、当時下毛郡）に入っている。

「山容水態漸《ようや》く変じて、所謂《いわゆる》火山岩の浸蝕を呈《あら》はし来る（中略）下郷村の島に至りて午飦《ごはん》す」

「此《ここ》より二時に柿坂、二時半に口の林、三時半に栗生に至り、（中略）三郷村より此に至るまで、両山一水を挟んで聳え、（中略）此水は即ち山國川にして、（頼）山陽記中耶馬渓に作るものなり」

「午後六時仲津（中津）より汽車に上り、九時小倉に還る」

「一九〇一年（明治三十四年）七月十八日（陰＝曇り）、仲津（中津）より医師の戸早養沢が来た」と記している。

戸早の語りを記す。

「仲津に簗又七といふ者あり。写真を業とす。其祖父又七（次正、中津藩士、水戸家剣術指南役）は剣客にして、高山正之（彦九郎）と善かりき。（中略）正之の仲津に来るや毎に簗の家に客た」

この一文で、中津に天下の高山彦九郎（尊王攘夷家、「寛政の三奇人」の一人）がよく来ていたことが分かる。彦九郎も自身の著作「江戸日記」に簗との交遊に触れている。

鷗外は耶馬渓のことも記している。

「耶馬渓の隧道は僧禅海の掘削する所なり。禅海は素《も》と剣客にして、京都に在りし時、其師を殺して逃る。（中略）其の子耶馬渓に至りて、讐《かたき》を認め闘を挑む。禅海隧道の成るを俟《ま》たんことを請ふ。其の子乃ち掘削の業を助く」

「禅海は羅漢寺畔に住みて世を終ふと云ふ」で、その日の日記は終わっている。

「小倉日記」は一九〇二年（明治三十五年）三月二十八日、鷗外、東京第一師団転勤の新橋駅到着にて終えている。

徳冨蘆花「灰燼」①

中津市　一九〇〇年

徳冨蘆花は明治の文豪である。武男と浪子で有名な「不如帰《ほととぎす》」で一大流行作家となった。国民新聞を起こした言論人徳富蘇峰の弟である。両者ともに熊本（上益城郡）の出身である。

蘆花は一九〇〇年（明治三十三年）に中津を舞台にした小説を著している。西南戦争の悲劇を描いた「灰燼《かいじん》」である。

抑圧的日本の封建家族制度に引導を渡そうと、兄蘇峰との確執相克を隠喩して描いている。西郷軍の敗残兵となっておめおめと逃れてきた弟を「家名の恥」として、また賊軍に味方した家とあっては官軍政府から強い咎めを受けようと、弟に切腹自死を迫り死に至らしめる。弟の犠牲により、旧家は続くと思われたが、一夜の火事によって灰燼に帰すという短編である。

「豊前の国中津の城下より二里ばかり西南に離れて、某と云ふ山村の丘を負い細流に臨みてさながら城郭の如き一構へは、此の辺りきっての素封家上田久吾と云ふ人の居なり。（中略）郷士ながら旧藩奥平家にても殆んど客分の待遇なりしと云ふ程の旧家。されば年々の蔵入も千俵に下らず」

「石垣に百年の苔むして、幾棟の蔵に巣くふ家鳩も心長閑に、黒瓦白壁参差《しんし》として老楠の緑に映ずる其家を、村人は御屋敷と称へて、『上田様には及びもないが、せめてなりたや殿様に』と常に歌ひぬ。」

そこの三兄弟、惣領はうどの大木、次男は切れ者、三男は増田宋太郎（福沢諭吉の再従弟、『田舎新聞』主筆）に私淑し、共に中津隊として南洲軍に組したのである。

この三男茂のことを小説にしたのである。増田宋太郎は福沢諭吉の再従弟である。福沢の命をも狙った男である。中津の若者に多く影響した。

徳冨蘆花
「灰燼」②

中津市　一九〇〇年

灰燼の文中、上田家三兄弟のことはこう記されている

「尤もよく食ふは覚（長男）、謀るは猛（次男）、熱するは茂（三男）」と、書き分けている。当主の父親は自由民権運動に酔う三男を愛していた。中津の名家からの養子話も断っている。

ゆくゆく三男が家督を継ぐのではないかと、噂され、次男はそのことに嫉妬し

ていた。

「城山の落ちたのが先月廿四日で、西郷さんも死ぬる、中津の増田さんも死ぬる、其れからまあ此中津近在から出た者は今まで一人も帰った者はないから、茂さんも死んだか、降参して牢家に入ったか、あんな勝気の人だから一番に討死しなさったろう」

だが、三男茂はほうほうの体で逃げ戻る。結果、次男猛の差配で、落武者つまり国賊をかくまっては政府からにらまれる。他の中津隊の人間はすべて討死にしている。生き恥をさらすのか。弟に家のためにと死を迫り、茂は即座に腹を搔っ捌いた。

この物語は一九二九年（昭和四年）に村田実監督の手で映画化されている。主演は当時二枚目スターの中野英治である。時代劇のバンツマ（阪東妻三郎）に対して、現代劇の中野と云われた。

ライバルはやはりバタ臭い二枚目鈴木傳明で、一九二五年のキネマ旬報男優人気ベストテンの第二位にランクされている。

この「灰燼」は日活大将軍撮影所（京都）で撮影されており、敗残の逃げ惑うシーンは比叡山山中でロケされている。プロデューサーは当時大将軍撮影所・所長の池永浩久（中津市出身）、彼は日本映画草創期の大プロデューサーである。池永は故郷中津を舞台にした映画を撮りたかったのだろう。日本映画史に残る映像美の作品と云われている。

滝廉太郎「荒城の月」

速見郡日出町　一九〇一年

　日出は滝廉太郎の父の故郷である。滝と云えば竹田の人と思われがちだが、竹田には一二歳から一五歳の約二年半しか暮らしていない。廉太郎の父吉弘は日出藩の上級武士の人である。

　滝家は日出藩の家老職の家柄で名家である。日出藩は小藩であるが、幕末には帆足万里（儒学者、理学者）等学者を多く輩出しており、学問奨励の藩だった。

吉弘は一八七二年（明治五年）に上京し、明治七年に大蔵省に入省、次に内務省に移っている。一家は東京府芝区南佐久間町（現・港区新橋）に居を構え、明治十二年八月二十四日に廉太郎はこの地で呱々の声を上げる。

　五、六歳の頃から、姉たちが弾くヴァイオリンに興味を示したと云う。この時代でヴァイオリンであるから、相当に裕福な家であったと思う。

　一八八九年（明治二十二年）三月、吉弘は大分郡長に命じられ、豊後に戻る。明治二十三年には廉太郎も東京より戻り、大分県尋常師範付属小学校高等科一年に転入する。

　日出町の龍泉寺には滝家代々の墓もあり、よく墓参に戻っていた。明治二十四年の秋、吉弘は次に直入郡長を命じられ、竹田町へと移る。廉太郎は直入郡高等小学校を卒業するまでの約二年半を竹田で過ごす。後の土井晩翠作詞の「荒城の月」を作曲するにあたり、幼き日によく登った岡城の姿を彷彿させながら曲作りに挑んだことは想像に難くない。

上京し、東京音楽学校（現・東京芸大）へ入る。「荒城の月」を筆頭に、「花」「鳩ぽっぽ」「お正月」「雪やこんこん」「箱根八里」など、今でも歌われる多くの名曲を次々と発表していく。

とくに「月」は、「ひかりはいつもかわらぬものを　ことさらあきの月のかげはなどか人にものを思わする」と抒情的である。

滝廉太郎
「憾（うらみ）」

速見郡日出町、大分市、竹田市
一九〇三年

滝廉太郎を主役に描いた映画がある。「わが愛の譜《うた》　滝廉太郎物語」（一九九三年、東映）、監督はこの二年前に中津の「福沢諭吉」を撮影した澤井信一郎である。福沢作品の方は下級武士上がりの諭吉（柴田恭平）と、ライバルの家老職奥平外記（榎木孝明）との葛藤映画である。外記のモデルは奥平壱岐のようであるが、事実とは少し異なる。

澤井監督は再び大分県を舞台にした映画に取り組む。滝廉太郎没後九〇年を記念しての製作で、廉太郎に風間トオルが扮している。内容は東京音楽学校時代とドイツ留学時代が中心で、日出町も大分市のロケもない。しいて上げれば、胸を病んでから療養する竹田市と、「荒城の月」のイメージとして、岡城でのロケはある。これも事実とは異なり、廉太郎は大分の両親妹らの暮らす実家で療養し、家族の看護の甲斐なく夭折する。

亡くなる前に作曲した「憾」という曲がある。「うらみ」と云っても、よく言うところの「恨み」「怨」ではない。前半部はこの世への感謝の心を思わせる。後半部から最後へ向かっての曲想は、自らの生へのふがいなさ乏しさへの「うらみ」を感じさせる。二三歳一〇カ月で世を去らなくてはならなかった、今生への未練を哀しく激しく伝える名曲である。大分県の皆様には「荒城の月」同様、時にお聴きいただきたい。

一九〇三年（明治三十六年）六月二十九日、二三歳と一〇ヵ月の若さで息を引き取る。日本の音楽界にとって痛恨の極みだった。法名は「直心正廉居士」、お墓は大分市金池町の万寿寺にあったが、二〇一一年（平成二十三年）三月にご先祖が眠る日出町の龍泉寺へと移された。日出、竹田、大分が生んだ音楽の天才である。

国木田独歩「春の鳥」

佐伯市　一九〇四年

独歩が城山の麓坂本邸に寓居していた時、当主坂本永年の甥っ子に山中泰雄少年がいた。独歩の「憐れなる児」によれば、その児は永年の妹の子で、父の死後母と一人の姉と共に坂本邸に寄食する哀れな身の上だった。

独歩の「予が作品と事実」（明治四十年九月「文章世界」博文館）に、泰雄少年のことを「数の観念が全く欠けて居るので、如何にもして此（の）欠陥の幾分なりとも補ひくれんと種々の手段を採った事もある。けれども此等は悉く徒労に帰した」とある。

また「此一編『春の鳥』の主人公、白痴の少年は余が豊後佐伯町に在りし時親しく接近した実在人物で、此少年の身の上話は皆事実である」と記している。

独歩はこの泰雄少年のことを深く気の毒に思い同情していた。

「春の鳥」は独歩が佐伯を去って一〇年後、一九〇四年（明治三十七年）三月十五日発行の「女学世界」（博文館）に発表した。小説の中では「六蔵少年」と云う。先生はいつも鳥の飛ぶまねをする六蔵に声を掛け、城山の石段を使って数を教えたりする。

独歩は作品の中で、「少年は天使である」と表現している。

この純粋無垢な鳥のまねをして走り回る六蔵少年に向ける先生のまなざしがい い。非常に光に満ちた明るい小説と思いきや、独歩は最後にドンデン返しを持ってくる。

「予が作品と事実」の中に、「此少年が城山で悲惨な最後を遂げたの事は余の想である」と記している。実際のモデル泰雄少年は一九四八年（昭和二十三年）まで生き、六七歳で亡くなったと聞く。

独歩はワーズワースの詩「There was a boy」をオマージュしていた。独歩、日本のワーズワースである。

大正編

夏目漱石「彼岸過迄」

中津市　一九一二年

一八九九年（明治三十二年）一月、夏目漱石は耶馬渓（中津市、当時は下毛郡）に来ている。小倉から日豊線で柳ヶ浦で降り、馬車で宇佐神宮に参り、四日市で一泊。翌日は耶馬渓に遊び、青の洞門や羅漢寺に詣でている。真冬の一月だけに相当に寒かっただろう。五百羅漢を見て、何を思っただろうか。

この旅から一三年後、一九一二年（大

正元年）に「彼岸過迄」を発表している。第一章の「風呂の後」に奇妙な話として羅漢寺の女が登場する。主人公・田川敬太郎の下宿の住人・森本の口から出た話として載せている。

「彼（森本）が耶馬渓を通ったついでに、羅漢寺へ上がって、日暮に一本道を急いで。杉木立の間を下りてくると、突然一人の女と擦れ違った。その女は臙脂《べに》を塗って白粉《おしろい》をつけて、婚礼に行く時の髪を結って、裾模様の振り袖に厚い帯を締めて、草履穿《ぞうりばき》のままたった一人すたすた羅漢寺の方へ上って行った。寺に用のあるはずはなし、また寺の門はもう締まっているのに、女は盛装したまま暗い所をたった一人で上って行ったんだそうである。」

小説の本線とは何ら関係ない話だが、森本がいろいろな仕事をし、日本各地を回って来た人であることを伝えている。

この女、漱石が羅漢寺に旅した時、本当に遭遇していた記憶かもしれない。

この日は本耶馬渓で一泊し、翌日、守実へ向かっている。また馬車での道中であったろう。当時はまだ耶馬渓線はなく、この小説発表の翌年、一九一三年から少しずつ線路を進め、中津から守実まで開通したのは一九二四年（大正十三年）のことだった。

タイトルと中味には、あまり相関はないような気がする。漱石もその由は小説の冒頭で記している。

吉丸一昌「故郷を離るる歌」

臼杵市　一九一三年

「早春譜」の作詞で知られる吉丸一昌《かずまさ》は、一八七三年（明治六年）九月十五日、北海部郡海添村（現・臼杵市海添）に生まれた。父は臼杵稲葉藩の下級武士であった。一昌は幼き日より成績優秀で、旧制大分中学（現・上野丘高）から旧制五高（現・熊本大）、東京帝国大学国文科へと進み、東京音楽学校（現・東京芸大）の教授にまで栄進している。

家が貧しかったせいか義侠心に篤く、苦学生たちの夜間学校を作り、学問を教え、就職の世話までしている。作詞家として高名だが、教育者としての一面の方が強いかもしれない。臼杵の気風でもあろう。

「故郷を離るる歌」は、♪さらばふるさと、の三回のリフレイン、最後の♪ふるさとさらば、の折り返しは、故郷臼杵への思いを幾重にも幾重にも言い表しているように思う。

代表作「早春譜」は一九一三年（大正元年）十一月に書かれている。詞を読むと、この時期何かに相当思い悩んでいたのか、己を殺し隠忍自重している一昌が浮かび上がってくる。

「春は名のみの風の寒さや　谷の鶯

歌は思えど　時にあらずと　声も立てず時にあらずと声も立てず」、二番の末には「今日もきのふも雪の空（二度リフレイン）」、三番の末には「いかにせよとのこの頃か（同じく二度リフレイン）」

これは三九歳の時の詞である。作曲は音楽学校の後輩中田章（高名な作曲家中田喜直の父）だった。これから三年半後に一昌は急逝する。

人は吉丸のことを「古武士」とか、「豪放磊落」「武骨」「大酒飲み」と評したらしいが、内実は母親と故郷臼杵が大好きな情緒のある好漢だったように思う。さもなくば、「お玉じゃくし」（尋常小学校唱歌）のような無邪気で可愛い詞は作れまい。

田山花袋
「日本一周　豊州線沿線」①

中津市、宇佐市　一九一四年

花袋は紀行文の名手である。

彼の随筆集に「日本一周」（一九一四—一六年刊行、博文館）がある。第三七の項は「豊州線沿線」と題している。昔は日豊線とは言わず、豊州線と言っていた。

「汽車は幹線の小倉駅から豊州線がわかれて、中津から大分町まで行っている。（中略）中津の人家が向ふに見え出したあたりで、汽車は一つの川をわたる。それは耶馬渓の下流の山國川である。（中略）私は中津で下りて、耶馬渓を志した。中津はちょっとした町で、人口一萬八千位ある。紡績會社などがある。明るい感じの好い市街である」

中津から耶馬渓を旅し、蚊と虫に責められ、蚊帳からちっとも出ることが出来ないと嘆いている。再び中津に戻り、汽車で宇佐に向かう。

「その時分は、汽車がまだ長洲までしか行ってゐなかった。私はそこから車に乗って、宇佐に向かった。途中に驛館《やっかん》川といふ綺麗な川があって、そこに絵のような渡場があった」

宇佐神宮はすこぶる立派な社と褒めたたえ、境内にある旅館に一泊している。宇佐から日出までは、車夫が途中でへこたれるほどの大変な坂道があった。ただこの峠の下り道の風景が美しく、思わず「好い景色だね」と次のように褒めている。

「杵築川の谷に別れて、大きな峠を越して、ずっと別府灣を見渡したころは、九州地方でも澤山にないやうなすぐれた眺望を持ってゐた」

花袋ほどの旅のプロにほめられている。大分県はこの山紫水明をもっともっと誇っていいだろう。彼のメガネに叶ったのだから。

田山花袋
「日本一周　豊州線沿線」②

日出町、別府市　一九一四年

花袋は相当に別府湾の眺望の美しさがお気に召したようだ。

「日本一周」豊州線沿線の項に、こう記している。

「別府灣はすぐれた海だ。ちょっと九州にもたんとないやうなところだ。佐賀の関の半島のすつと長く海中に延びてゐる形などことに面白いと思ふ」

湾を行き来する船の白い帆や、船体のペンキの青や赤の汽船が、紺碧の海の色にくっきりと際立ち、その色彩美を「マネーの絵」に重ねている。

日出町にも触れている。

「有名な大きな芭蕉のある寺がある。一本筋の町ではあるけれども、ちょつと南國にでも見るやうな明るい綺麗な町である」

とくに、豊岡から見る別府湾の眺望を絶賛している。

別府市の亀川温泉あたりでは激しい夕立に見舞われる。

「温泉宿では、三味線や鼓の音がしてゐる。藝者が欄干に立って、『ひどい雨ですね』とか何んとか言ってゐる。蛇の目の傘をさして、紅い袖口を見せて、雨をついて出て行く艶かしい女などがゐる」

欄干の上で、芸者の白い脛がちらりと見えた描写も書いており、花袋はやはり男である。紀行文とはいえ、山紫水明、風景ばかりでは飽きがくる。ちょいと人間模様や俗なところが入ると興味が増す。

文中、「かういふところに一晩とまりたいな、面白いだらうな」と述懐している。好みのお顔立ちの芸者だったのだろう。

別府ではどこに泊ったのだろうか、本家富士屋あたりであろうか。亀川で見た芸者が心のこりで、別府一番の芸者をお相手に呼んだかもしれない。

田山花袋
「日本一周　九州の東海岸」③
臼杵市、津久見市、佐伯市　一九一四年

花袋は別府の埠頭から船に乗る。「日本一周」の第三八項、「九州の東海岸」と題している。

「小さな灣の奥に、やがて臼杵町の人家が見え出して来た。朝の炊煙がところどころに颺《あが》つてゐるのが見えた。東南に、小さな丘陵があつてそれが舊《きゅう》稲葉氏の城址で、今は公園になつてゐるなどとボーイは話して聞かせた。その他月桂寺、多福寺などといふ大きな寺があるといふことである」

船は大阪を出て、瀬戸内海を下り、四国の浜に寄港して、伊予の海岸を通って別府に寄り、この豊後の東海岸を経て、日向の内海港へ向かうのである。

臼杵を出て、飛潮、楠屋の岬を通過して、津久見湾に至る。

「その灣の内には、津久見港がある。この町の裏は有名な蜜柑の産地で、年額三千石を輸出し、一に小紀州と言はれてゐるといふことである」

船は再び沖に出て、豊後水道を通って行く。花袋は佐田岬や島々の連なりの美しさ、その風光明媚さを感嘆している。

佐伯が近くなった。

「佐伯は國木田獨歩の長くゐたところである。『波の音』などといふ短篇はそこをシーンにしたのであつた。大入島にわたつて漁をした話などを私はつねによく聞いた」

花袋は大入島はどれかとボーイに尋ね、デッキから眼前に横たわっている島がそうだと知る。着岸した小さな埠頭から、佐伯の町までどの位あるかをまたボーイに尋ねている。

「ここから小一里」ということで、花袋は佐伯の町を見ることを諦めている。

船は延岡に向かった。

臼杵から佐伯までを海側から見ると佐賀関半島、臼杵湾、津久見、瀬戸崎、大入島、佐伯港、それはそれは美しい凹凸だっただろう。

与謝野晶子「耶馬渓二一首」

中津市　一九一七年

一九一七年（大正六年）六月二十五日、与謝野晶子三八歳の時、夫・寛（鉄幹）と一緒に耶馬渓に来ている。前日に日田に入り、鵜飼を見物し一泊。翌日、耶馬渓に入り柿坂で一泊。さらにその翌日の二十六日に中津に入った。中津では江上孝純、村上和三の両医師が筑紫亭（枝町）で歓迎の宴を催した。この日、与謝野夫妻は自性寺（新魚町）の大雅堂を訪れ、池大雅の書画を鑑賞している。

筆者は六五年ほど前小学校時代、よくランドセルを背負ったままお寺に遊びに行った。本堂から上がって右に行き、左の奥の部屋を大雅堂と呼び、何の仕切りも結界もなく自由に大雅の絵を観ることができた。

晶子は耶馬渓の景色がよほど気に入ったのか、二一首も一気に詠んでいる。六首ほどをご紹介したい。

石多き山にしあれば楓など
女めく木の哀れなるかな

山の石おもしろけれど皆知れる
われの心の形するのみ

石の山高き方より風吹けば
はかなさ覚ゆ君と行けども

豊国の山あひの雨あはれなる
旅の心を白く打つなり

みどりなる曲玉なして冷たかる
山國川の岸の道かな

わが馬車を追いくる蛍さもなくて
あてに山這ふ彼方の蛍

耶馬渓の奇岩と梅雨の雨、山国川と蛍が深く心に刺さったのであろう。大好きな夫と居ても、どこか物悲しい歌である。

夫婦は同日中に中津を去り、日豊線で門司に出て、徳山まで行っている。

和田豊治

「和田豊治日記」

中津市　一九一八年

和田豊治は明治末から大正にかけての、日本の政財界の世話役といわれ、当時、渋沢栄一に続く大物だった。

生まれは一八六一年（文久元年）、中津町鷹部屋街（現在の中津市北門）。慶應義塾に進み、アメリカ留学後、日本郵船、三井銀行、鐘淵紡績へと動き、富士紡績の中興の祖となる。中津に富士紡、鐘紡があったのは彼の尽力に負う。

「和田豊治日記」を捲ってみる。

連日、政財界の要人ばかりと会っているが、合間をみては中津に帰省している。

一九一八年（大正七年）十月一日、「別府伊藤氏（伝右衛門赤銅御殿）ヲ出テ、午前八時十分ノ汽車ニテ別府ヲ出発、（中略）九時中津着。直チニ浄安寺（寺町）ニ墓参シ、夫レヨリ三ノ丁手嶋ニ行キ」とある。この夜は麻生太吉（麻生太郎氏の曾祖父）と会い、接待されている。

一九二一年（大正十年）一月七日、「九時別府発ノ汽車ニテ中津ニ向フ。到着ノ時同様見送人多数ナリシ。新妻大分県知事、長野善五郎氏（現大分銀行創設者）ハ日出駅マデ同車送ラレタリ。十一時中津着、（中略）茗荷屋（旧・忘言丁）ニ於ケル中津有志者三十余名ノ歓迎会ニ出席ス」

同年五月十七日、「朝倉文夫氏（彫刻家、大野郡出身）来訪、大分県ニ美術学校ヲ建設シタキ希望ヲ述ベラレル」。日記を読むと村上巧児（小倉井筒屋初代社長、西鉄社長）の名がよく出てくる。いろいろ陳情に和田を頼っていたことが分かる。

同年十一月四日、「自動車ニテ耶馬渓ヲ下リ、深耶馬渓ノ秋景ノ紅葉ハ實ニ見事ナリ。中津ニ至リ日華紡績工場ヲ一巡シ」とある。

同年十一月七日、「十一時中津着。（中略）二時半耶馬渓倶楽部ニ於ケル中津町及隣接町村有志歓迎会ニ出席ス」、綿密に紐解けばまだまだ中津のこと、中津人のことが散見される。過不足なく簡潔な文章である。

菊池寛
「忠直卿行状記」

大分市　一九一八年

越前少将松平忠直卿は徳川家康の孫である。一三歳で六七万石の大封の主となった。もともと父親譲りの非常な癇癪持ちである。そのうえ、家臣たちのお追従により、歯止めの利かないご乱行の数々を行う。

この史実をひもとき、菊池寛は新しい解釈を用いて、小説「忠直卿行状記」（一九一八年、大正七年）を中央公論九月号に発表している。

易とし、武術から離れ、愛人たちをはべらせ酒杯の毎日となった。女たちの愛情もうわべだけのものと、家臣や愛人すべてを猜疑の目で見るようにもなった。

生活はすさみ、家中の女房たちに夜の奉仕をさせるようにもなった。その夫たちは抗議の為、腹を切って果てた。罪のない領民を捕らえて殺戮、また妊婦の腹を裂くなどのご乱行が続いた。日本版皇帝ネロである。この無慈悲で残酷な所業は将軍および老中の知るところとなり、改易となった。

菊池は綴る。

「(忠直は）配所たる豊後国府内に赴かれた。途中敦賀にて入道され法名を一伯とつけられた。時に元和九年五月のことで、忠直卿は三十の年を越したばかりであった。のちに豊後府内から同津守に移されて台所料として、幕府から一万石を給され、晩年をこともなく過ごし、慶安三年九月十日に薨《こう》じた。享年五十六歳であった」

配流の後は目が覚めたのか、心を入れ替え、近侍の者をあわれみ、領民を愛撫したとのことである。

墓は大分市の浄土寺（王子西町）にある。山門をくぐって左手にあり、墓の左側には愛妾お蘭の方の墓もある。大分市は配流蟄居の地である。

竹久夢二と柳原白蓮

別府市　一九一八年

柳原白蓮こと宮崎燁子の初期の自費出版歌集「踏絵」（一九一五年、大正四年、竹柏会発行所）の装丁挿絵は竹久夢二がやっている。夢二は打ち合わせに福岡天神ノ丁の赤銅御殿（現・福岡銀行本店とその周辺）まで来ていた。

当時、笠井彦乃に惚れていた夢二だが、彼ほどの艶福家であるから、ひょっとしたら燁子にも惚れていたのかもしれない。

その証拠に、本の扉絵の「十字架にかけられた美しい女性」の出来は素晴らしい。このモデルは燁子であろう。

　燁子が再嫁した筑豊の炭鉱王、伊藤伝右衛門は一九一八～二〇年（大正三～五年）、今の別府市青山町付近にも別邸の赤銅御殿を建てた。別府市が二〇一七年にまとめた調査研究報告によると、敷地三二四〇坪、建坪二八〇坪、一〇棟を連ねる二階建ての豪邸だった。庭園を南に造営し、二階の燁子の部屋からは別府湾、高崎山が望めたという。

　一九一八年（大正七年）、大阪朝日新聞に「筑紫の女王」というタイトルで一〇回の連載があった。これにより彼女は全国で「筑紫の女王」と呼ばれるようになった。

　同年、笠井彦乃は別府千代町の中田産婦人科医院に結核の療養で入院しており、この時、夢二は彼女を見舞っている。宿は流川の日名子旅館だが、夢二は燁子の初歌集「踏絵」を装丁しており、当然、赤銅御殿に燁子を訪ねていると思う。夢二が別府で作ったと思われる短歌がある。

「旅の夜に氷をわると吾があれば遠方にして船の笛鳴る」

　この「遠方にして」は別府港であろう。彦乃とはこの年の暮れに別れさせられている。夢二が最も愛した女である。

　彦乃は一九二〇年（大正九年）、二五歳の若さでこの世を去った。

柳原白蓮と高浜虚子

別府市　一九一九年

再嫁し伊藤姓となっていた燁子（白蓮）は一九一九年（大正八年）三月五日に第二歌集「幻の華」を刊行する。「著　伊藤燁子（白蓮）」となっており、発行所は新潮社、装丁挿絵はもちろん竹久夢二である。

当時の広告の文章に、「火の国の女王と称せらるる白蓮夫人が秘められた恋の悩みを歌える新作の歌集」とあり、「竹久夢二氏が心血をそそげるもの、燦然たり、また爛然たり、空前の美本」とも書かれている。

確かに広告の惹句以上の豪華装丁本である。

巻頭に、「わたつ海の沖に火もゆる火の国に　我あり誰そや思はれ人は」を掲げている。他に「入船か出船か笛の音きこゆ　ゆくもかへるも港はかなし」と詠っている。

すでに九州の文化サロンとして高名著名な文化人たちが多く燁子を訪れている。倉田百三（代表作「出家とその弟子」）、洋画家の小出楢重、五足の靴の吉井勇、菊池寛（代表作「恩讐の彼方に」、後に白蓮をモデルにした「真珠夫人」）や、俳壇の大立者高浜虚子らも来ている。

別府の赤銅御殿の湯殿は二階建てだった。別府市の調査では一階浴室はタイル張りの床にひょうたん型の浴槽、シャワーを備えていた。中二階や二階は控室や休憩室で、各部屋の扉はヒノキの一枚板。阿部春峰（福岡県鞍手郡出身、帝展特選の画伯）に絵を描かせていた。

虚子が白蓮に贈った一句がある。

この旅のここに浴《ゆあみ》せしことを

白蓮からの返歌がある。

二百度の泉湧き立つ地獄池
人身御供に肥えし血の池

これもまた身の不遇を嘆いている。

菊池寛
「恩讐の彼方に」

中津市　一九一九年

菊池寛の名作に「恩讐の彼方に」がある。一九一九年（大正八年）、中央公論一月号への発表である。若侍市九郎が主人中川三郎兵衛の妾と懇ろになり、露見して中川を斬殺し逐電する。美濃の真言宗のお寺で得度し法名を「了海」とする。修行の旅に出て、赤間ケ関から小倉に上がり、宇佐神宮に詣で、かつ耶馬渓の羅漢寺に詣でる。そこで急流山國川の断崖の道から多くの村人が川に落ち、命を落とす難儀を知り、これまでの罪滅ぼしに大岩をくりぬき、道を造ろうとする。

一九年目に中川の一子・実之助が仇の彼を見つけ出す。いつ斬られてもいいが、せめてもう一息、くりぬくまで待ってくれと云う。実之助も彼の真意に打たれ、共に掘り出す。二一年目、ついに岩は穿たれ前方に穴が開く。さあ、本懐を遂げられよと了海は云うが、か弱い人間の双つの腕で成し遂げられた偉業に、実之助は了海を討てず、共に手を取り合って喜び泣くのである。

大衆文学であるが、ヒューマニズムに溢れたよいお話である。

当然、菊池は耶馬渓を歩き回り取材に努めたと思っていた。が、彼の「あの頃を語る」というエッセーの中に、「戯曲と小説」という章がある。そこに、「『恩讐の彼方に』であるが、僕は耶馬渓などへ行ったことがない。」とある。つまり、菊池は禅海和尚の話を聞いただけで、これほどの仇討ち人情話に仕立て上げたのである。

確かに耶馬渓には来ていないだろう。小説中に羅漢寺や青の洞門周辺の描写がほとんどない。プロとは凄いものだ。

菊池が評価されたのは「忠直卿行状記」や、この「恩讐の彼方に」から文壇的地位を造った。

柳原白蓮と宮崎龍介

別府市　一九二〇年

話は少し戻るが、一九二〇年（大正九年）一月二十五日に別府公園伊藤別荘から、燁子（白蓮）が宮崎龍介に宛てた手紙がある。

「私上京いたしとうも少し病気保養のためただ今別府の温泉の別荘に参りまして　誰か使いの者と存じつつも　これも文学のこと話のわかる人なく　甚だ恐れ入りつつも　もしどなたかお話のわかる私の相談相手となってくださる方　ここまでお越しくださいましょうや」

この手紙が二人の事の始まりだった。白蓮の短歌にもこのような歌がある。

宵のほし君にはしめて見出てたる
よろこびに似るめてたさにによる
かきりあるいのちをあはれ
いつまでのわかれとしらず恋ひわたるかも
火と水とひとつに抱く女には
罪と誠の　あやめもしらぬ

狂おしいほどの情である。夫伊藤伝右衛門の度量も大きく、間を和田豊治（中津出身の財界人）らが取り持ち、後の人生を添い遂げる。

一九五四年（昭和二十九年）九月二十三日、宮崎夫妻は久しぶりに別府の別荘を訪れた。邸はすでに人手に渡り、「別府赤銅御殿ホテル」の開業と白蓮の歌碑の除幕式に招かれたのであった。

歌碑には、「和田津海の沖に火もゆる火の国に　我あり誰そやおもはれ人は」と彫られている。ほかに「再びは来じと思ひし窓に立ち　庭の木立に秋の声きく」も詠んでいる。

翌一九五五年（昭和三十年）の九月二十四日にも、再び二人で旅をしている。ホテルは昭和五十四年に解体され、歌碑は児童公園となった別府市青山町の跡地に今も建っている。

白蓮がいたころ、別府に一大文学サロンがあった。今はもう昔の話である。

柳原白蓮と九条武子①

別府市　一九二〇年

大正三大美人と云われたご婦人たちがいる。一人は柳原白蓮、また一人は九条武子（京都西本願寺二一代法主大谷光尊次女）、また一人は江木欣々（法学者江木衷【まこと】夫人）である。

そのうちの二人、白蓮と武子は短歌誌「心の花」（竹柏会）の同人だった。

武子は、

「夜くればものの理《ことわり》みな忘れ　ひたぶ

る君を恋ふと告げまし」

といった閨秀歌を詠っている。

一九二〇年（大正九年）六月、二人は西本願寺の奥殿で会う。互いにすぐに打ち解け、「あきさん」「たあさん」と呼び合う仲になった。武子は白蓮との事を、師・佐々木信綱（竹柏会主宰者）に手紙で伝えている。

「輪郭の正しい御目と鼻の線に、男性の理智を見るやうに細いキリッとした御姿は、亡き姉のやうでもしや御気性まで似ていらっしゃるのではないか、否、おなじ藤原氏の血をうけた女性として、屹度近い時間に、似ていらっしゃる点を私は見いだすにちがひないと思いました」（九条武子夫人書簡集より）

白蓮もまた「改造」（昭和五年十月号）に、

「私はよくたあさん（武子）の話を聞き伝へてゐました。それによると、たあさんは美しい人で、何でもよく出来る人、文字も美しく上手に書くし、茶の湯生花も長年その道の人についてゐるし、裁縫もやれば絵も画くし、編物も何でも器用に出来て、洋裁も一寸やれるし、謡曲も、いつか私も聞かされた事がありました。」

と褒めている。

共にあまり意に添わぬ夫に嫁しており、境遇においても理解しあったのであろう。その頃、武子の夫・男爵九条良致《よしむね》はロンドンに居り、長く別居中だった。

柳原白蓮と九条武子②

別府市　一九二一年

白蓮（燁子）は一九一九年（大正八年）に雑誌「解放」に発表した戯曲「指鬘外道」を、翌一九二〇年に大鐙閣から上梓する。

上梓前、同年一月末に、宮崎龍介は学生服姿で序文の打ち合わせに、別府赤銅御殿を訪れている。

「豊後別府温泉別荘にて　白蓮」の序文にこう記している。

「今、私は身に一絲も帯びぬ裸で　やわらかい泉の中に　しみゞと身を浸してゐる　おゝ　月はさっきから覗いてゐるではないか　あゝ　月よ　この世が私から凡てを取り去ってしまつても　なほ　おまへは私から略奪される事は　出来まい」

本の口絵はやはり竹久夢二の手になっており、蛇の髪を持つメドゥーサを思わせる。

龍介は一泊し、翌日白蓮は小倉駅まで彼を見送った。

白蓮の短歌がある。

君ゆけばゆきし淋しさ　君あればある淋しさに追わるるこころ

白蓮三四歳、龍介二七歳、フォールインラブを如実に感じる。

一九二一年（大正十年）七月～九月、九条武子は赤銅御殿に滞在する。白蓮は武子より二歳上のお姉さまである。毎夜、歌会を催したことであろう。

武子「(別府にて) しづやかに太陽は君臨す　我がむねに望みの魂もめざめける朝」

白蓮「まゆに似て細き月なり星おちぬか丶る夕べは死もやすらかむ」

「湯の里や似たる人にも行きあはず賑ふ中をあみしく歩める」

同年十月、白蓮は龍介のもとに出奔。同二十二日、大阪朝日新聞夕刊に「燁子からの伝右衛門への絶縁状」が載った。武子は白蓮の隠れ家にたびたびお手伝いさんを差し向け、身の回りの世話と援助をしている。

野上弥生子「海神丸」

臼杵市　一九二二年

野上弥生子の「海神丸」(一九二二年、中央公論九月号) は、大分県の東海岸の港から出帆。冒頭に次のように書かれている。

「十二月二十五日の午前五時、メイン・トップ・スクーナ型六十五トンの海神丸は、東九州の海岸に臨むK港を出帆した。目的地はそこから約九十海里の、日向寄りの海に散在している二三の島々であった。（中略）今度の航海は、町の問屋筋の大豆を門司から積んで戻ったばかりであった。しかし、そのまま故郷の浜へ帰って、畳の上で正月を待つのはもったいなかった。」

海神丸は漁船と云うより、運搬船である。乗組員は、船長と、五郎助、八蔵、そして船長の甥っ子一七歳の三吉、四名だった。暮れの二十五日に出港であるから、すぐに帰って来るつもりだった。文章中にある「K港」は野上の出身地である臼杵の港の事だと考えられるが、それならば「U港」と書くところだが、モデル小説でもあり、ぼかしたのであろう。

海神丸は激しい嵐に二度会い、帆も折れ漂流を始める。一樽の沢庵漬も流され、味噌も里芋も尽きていく。若い五郎助と八蔵は、ひもじさからの食い物の話しから、人間の肉はうまいんだろうかの話しになって行く。そしてまだ少年の三吉を襲うのである。会話の中に大分弁の「チ」が多用されている。

この小説のモデルは、大正五年の「高吉丸事件」である。野上自身が「『海神丸』後日物語」（一九六八年、雑誌「文学」、岩波書店）として著している。船は北海部郡「下ノ江」（現・臼杵市）から出ている。日本で初めてカニバリズムを描いた作品だった。

江口章子「香々地の歌」

豊後高田市　一九二三年頃

江口章子は一八八八年（明治二十一年）、西国東郡香々地村（現・豊後高田市）で生まれた。家は裕福な造り酒屋である。一九〇六年に宇佐郡出身の弁護士安藤茂九郎と結婚するが、夫の性癖に嫌気がさし九年未満で離婚する。

上京し、平塚らいてう（女性解放運動家、雑誌「青鞜」発刊者）や山田わか（女性解放運動家）の世話になりながら、北原白秋と出会い同棲する。

白秋も人妻松下俊子との姦淫事件があり、姦通罪で告訴され、落魄落胆の時に章子と出会い、再び生きる力、創作力を取り戻した。二人の戸籍上の結婚は二年にも満たないが、同棲を入れれば満四年くらい一緒に暮らしている。

章子は白秋と一九二〇年に離婚、しばらくは大分に戻り、別府の白蓮を頼り、赤銅御殿にも身を置いた。其の後はいろいろに男性遍歴を重ね、各地を放浪し、間々に故郷の香々地へ帰省している。まだ父母が生きていたころである。

国東長崎鼻に章子の歌碑がある。

ふるさとの香々地にかへり泣かむものか　生まれし砂に顔はあてつつ

北原白秋の歌集「雀の卵」の序にこの

ように書かれている。

「私は私の妻を信じ、私の妻は私を信じた。私達は貧しかったが却って仕合せであった」。

章子の短歌をご紹介したい。

白秋の雀百首の歌の本　一冊もちて京へかへりぬ

ふるさとの家よりかへりこよといふ父のみこゑか母のみこゑか

ふるさとに錦をかざる齢もすぎぼろ着てかへる今日の安さを

彼女の人生を読んでいると、一人の男や、一つの場所に落ち着かず、どこか不幸で哀しく、切なくなってくる。

一九四六年（昭和二十一年）、五八歳で栄養失調と脳軟化症により、ふるさとの香々地で没した。哀れな死であった。

野上弥生子
「豊後の南画」

臼杵市　一九二五年

作家野上弥生子は旧姓小手川、本名をヤエと云った。

一八八五年（明治十八年）五月六日、北海部郡臼杵町五一一（臼杵市浜町一組）の造り酒屋「代屋《しろや》」に生まれた。少女時代はなかなか「しゃっぴい」（臼杵弁、活発な子）子で、一五歳で上京し、巣鴨の明治女学校普通科に入る。

当時、臼杵から東京まで四日を要して

いた。まず臼杵から船で関西へ。一泊の後、大阪駅から鉄道で新橋駅である。幼い頃の勉強部屋は、野上弥生子文学記念館にそのまま残されている。大正から昭和の女性作家は故郷を棄てざるを得ない人が多いが、弥生子は裕福な家に育っており、よく帰省し、故郷臼杵を大切にしている。

随筆「豊後の南画」（一九二五年、「改造」掲載）は、旧家にのこる田能村竹田（直入郡竹田村生まれ、一七七七〜一八三五年）、彼の弟子高橋草坪（杵築富坂町生まれ、一八〇四〜一八三五年）、帆足杏雨（大分郡戸次村生まれ、一八一〇〜一八八四年）の南画に接しての一文である。

とくに杏雨の画について、

「清い流のほとりとか、静かな山の中とか、おもしろい岩の傍《かたわら》とか、丁度唐人たちが選んでいるやうな美しい景色を追うて何処へでも自由に持ち運びの出来るやうな小さい籠のやうな家を」と、絵の中に没我し、目を細めて、その感慨を記している。

一九〇六年（明治三十九年）二一歳の時、同郷の野上豊一郎（北海部郡福良村生まれ、一八八三〜一九五〇年、後に法政大学総長）と結婚する。豊一郎は夏目漱石の弟子で、「漱石山房」に出入りしており、夫からの話しに刺激を受けて、弥生子は小説を書くようになった。習作「明暗」は漱石からの批評を頂き、作家への道を歩み始めた。

野上弥生子「ふるさと」

臼杵市　一九二五年

一九二四年（大正十三年）の夏、野上弥生子は夫・豊一郎と臼杵に帰省し、ひと夏を過ごしている。

その時のことは、随筆「ふるさと」（一九二五年、「改造」掲載）に記されている。「くまずす」「凧あげ」「シャントリ」「政争」などの小編からなり、故郷臼杵の文化や、情景を細やかに切り取っている。「ふるさと」の中に、こう書かれている。

「今年のひと夏を送った故郷の家は、山から流れて来た二つの河が、合してU―灣に注ごうとしている港口のデルタの上に立っているので、入り船出船の光景は、朝晩、私たちの目に最も親しい見物となった。（中略）船と、左右に円く腕をひろげた美しい江湾が、暖かい愛でぴったり結びついているように見える。船は鳥が巣を出て行くやうに元気よく出て行く。また鳥が巣に帰るのを楽しむやうに悦んで帰って来る」

臼杵湾を出入りする船を鳥にたとえ、その動きをほほえましく活写している。この一文の表現を見ても、いかに故郷臼杵が大好きかが分かる。

代表作は、大しけで漂流し、船長、船長の甥の三吉、五郎助、八蔵四人の飢餓カニバリズムの秘密を描いた「海神丸」、この作品で成功する。

あと「大石良雄」「秀吉と利休」、そして臼杵の造り酒屋の次男坊として生まれた男の人を描いた「迷路」、長編自伝の「森」であろう。

若き日は、平塚らいてうが出した女性月刊誌「青鞜」の顧問格として寄稿し、「良妻賢母論」への反論を記し、日本の女性たちの目を覚まさせようとしていた。

大正デモクラシーの「自由恋愛」には与みせず、夫豊一郎と添いとげた。心の片隅みに「中勘助」(代表作「銀の匙」)がいたかもしれないが。

柳田国男
「海南小記」
臼杵市、津久見市　一九二五年

柳田国男といえば、日本民俗学の開拓者であり、泰斗である。彼が大正九年から、一年かけて大分県の東海岸「臼杵」から、日向、薩摩、沖縄まで南方の島々を回った学術的紀行文である。

大正十四年、柳田五〇歳の時、「海南小記」(一九二五年、大岡山書店刊)を上梓する。

同時に、北方文明研究会、南島談話会な

どの研究会を開き、人類諸科学全般にわたる論文を数多く発表、脂ののっている時期だった。

「穂門の二夜」の項に、「臼杵の町へ買物に出てきた機動船に便乗して、風の寒い午後に保土《ほと》の島へ渡った。」「明日は保土の村の夜乞いです。小さな神様が御降りになるので、などと言ってくれる。夜乞いとは祭りの夜宮のことである。祭礼のことを神の御降りと、まだこの島では言っているのである。」

「海ゆかば」の項では、「今からちょうど、二年前に、臼杵の近くにあるセメント会社の工場へ、粘土を運んでくる伊予の八幡浜の船が、豊後水道で難風にあって、六人の乗組みはことごとく死に、船とともに大浜村の浦に漂着した。」とあり、豊後の百合若大臣の故郷ということで、百合若の話しにも言及している。

「地の島」の項では、「それよりも長くなつかしいのは、豊後では臼杵湾頭の津久見島である。」とある。目白の名所であると書かれているが、ツグミと呼ぶのもやはり鳥の名から始まったように思う。」と記述している。津久見の名の始まりかもしれない。

この「海南小記」が、彼の最後の名著「海上の道」にまで繋がっているのである。

Ⅱ　昭和期

戦前編

田山花袋「温泉めぐり」

別府市　一九二六年

田山花袋（一八七一年十二月十三日生、代表作「田舎教師」「蒲団」）は、日本で最も紀行文を物した作家である。

一九二六年（大正十五年）四月に出版した改訂増補「温泉めぐり」（博文館）という本がある。まあ、なんと日本中の温泉はおろか大陸の温泉まで体験取材し、その印象感慨まで記している。

九州は唐津、呼子、小浜、阿蘇、霧島、

武蔵（福岡県二日市温泉）と旅し、最も絶賛しているのが「別府温泉」である。

冒頭からこうである。

「しかし何んと言っても、温泉は別府だ。九州ばかりではない、日本でもこれほどの種類の複雑した、分量の多い、それでゐて、海にも山にも近く、平民的にも貴族的にも暮らせる温泉はまぁ澤山はあるまいと思われる。別府に比べたら、伊豆の熱海や伊東などは殆ど言ふに足りない」

これほどに他所を比較に出してまで、大絶賛なのである。大分県人の筆者としては実にうれしい感想である。

またこうも書く。

「遊郭が町の中央にあるのなども此処でなくては見られない。城の崎（兵庫県）が好いとか、道後（愛媛県）が好いとか言ふけれど、足一度此処に入ると、さうした温泉などは何でもなくなって了《しま》ふ」

このくだりも、他所と名指しで比較している。道後や城の崎にまさると断言しているのは、やはり別府が日本一の温泉場ということであろう。

別府を泊りの本拠地とすれば、耶馬渓にも、宇佐神宮にも、臼杵、佐伯あたりの海岸線の見事さも観て回れる。ちょっと奥に行けば、竹田、久住から阿蘇までの雄大な九州山脈まで横断して見て回れると、この文中で褒めている。ありがたし。

田山花袋「耶馬渓の一夜」

中津市　一九二七年

田山花袋は明治の未練がましい小説「蒲団」で有名な作家である。

一九二七年（昭和二年）六月に、雑誌「實業之日本」に「耶馬渓の一夜」という掌編の紀行エッセイを書いている。読み進むと、中津耶馬渓が非常に気に入ったのか、三回も旅していることが分かる。

「町のお祭か何かで、中津の停車場はひどく雑沓した。おまけに、雨はかなりに強く降ってゐる。私達は耶馬渓に行く軌道の方へと行って見たが、そこにも乗客が一杯押寄せてゐた。」

昭和二年の旅であるから、耶馬渓鉄道も「中津—守実」まで開通していた。文中、この前来たときは「中津から川に添つて、暑い道を馬車で来た。」とある。今度の旅は「軌道車は既に美しい鮎返りの瀑を前にして、今しも樋田の洞門にかゝらうとしてゐた。」とある。

つまり汽車で柿坂まで行き、「かぶと屋」旅館に旅装を解く。食事に出された津民谷のウナギは、あっさりとしてうまいと褒めている。筆者も小学校時代、父と津民まで行き、ハエ（オイカワ）を釣っていた。二人で一〇〇匹は釣った。母が作るハエの甘露煮はうまかった。確かに時々、ウナギが掛かったりもした。

とにかく花袋は耶馬渓を絶賛している。

「耶馬渓はしかし矢張天下の名勝たるに恥じなかった。」

「耶馬渓は渓全体として面白いのであった。其処に青の洞門があり、彼処に羅漢寺があり、またその一方に柿坂のやうな、いかにも山の宿駅らしい部落があるといふ形が面白いのであった。」

三度目の耶馬渓で、花袋はこんな短歌を残している。

「雨にあふもまたあしからじ　卯の花の多き谷間の夕暮れの宿」

春の若葉の頃、秋の紅葉の頃、耶馬渓は今もいっそう美しい。

高浜虚子
「日本八景　別府温泉」①

別府市　一九二八年

大阪毎日新聞社と東京日日新聞社が共同して、日本三景のほかに「日本八景」（昭和三年刊）を新たに選出し、著名作家や文化人らに書かせた。

大分県によく訪れていた田山花袋は「室戸岬」を書き、北原白秋は柳川ではなく「木曽川」を描き、幸田露伴は「華厳滝」、泉鏡花は「十和田湖」であった。

高浜虚子は別府温泉を掲げた。

虚子は神戸埠頭から紅丸に乗り、瀬戸内海を描写しながら別府へと向かう。

「朝七時半起床。もう佐田の岬がそこに見え、九州の佐賀関の久原の製錬所の煙突を見る所まで来ている。朝影のある甲板は涼しい。別府は、もう眼の前にある。（中略）すぐ自動車で亀の井旅館に着。温泉に入る。」

ここで虚子は一句、物にしている。

「温泉に入るや瀬戸内海の昼寝覚」

次に地獄めぐりをしており、各地獄を十全に描いている。とくに海地獄をその青藍色は蠱惑的で「地獄の女王」と賞でている。「筑紫の女王」といえば柳原白蓮、「地獄の女王」とは良い対句となっている。

こうも続ける。

「豊後湾の風光は美しい。ここから日出を眺めた趣などはナポリに似ているとの評判がある。何にせよ別府の大いなる強味は地下尽く温泉であるということである。土地の人は泉都と唱えて、日本の別府でない、天下の別府であると誇っている。泉都という言葉は面白くないが、湯の都たることは首肯される。」

白蓮の赤銅御殿にもよく来ていた。白蓮サロンで俳句の指導などもしていたのだろう。

「湯の都」というコピーは、いまでも通用しそうだ。

高浜虚子

「日本八景　別府温泉」②

別府市・由布市　一九二八年

同じく「日本八景」より、高浜虚子の別府温泉への感慨である。

地獄めぐりをした翌日、亀の井主人油屋熊八、日名子旅館主人日名子太郎氏らの案内で由布院村に遊んでいる。熊八氏は由布院の靄《もや》を見せたかったようだが、着いた頃には靄は晴れていた。亀の井別荘の亀楽園で憩い、二つの尖峰を持つ由布岳を楽しみ、別荘すぐそばの錦鱗湖は人工の手が入っておらず、浮草の様が面白いとほめている。

別府に戻り、昔の共同湯での思い出を記している。

「それは日名子氏に案内されて街のどこかの共同温泉場を見に行ったとき、私たちの目の前には一人の若い女性が現れた。それは裸のままで、腰にタオルをまいて、今湯から上ったところであろう。草臥れてぐったりしたようすで、そこの縁に腰かけて、後ろの羽目板にもたれかかっているところであった。そうして手に水蜜桃を持って、じっとその上に目を落としているところであった。この女は西洋絵で見たことのある裸体の女がぬけ出して来たのかと思われた。」

虚子はよほどその思い出が鮮烈だった

のか、別府に旅するとこの裸体の若い女を探し求め、思い出していた。後に分かったが、この共同湯は「亀川の四の湯」だった。

当時はもちろんのこと、私が二〇歳代になる半世紀前までは、「なるみ」旅館でさえ混浴であった。女性陣も恥ずかしがらず堂々と入浴していた。若い女性が入ってくると、男の方が遠慮し、そそくさと湯殿を出て行ったものである。

虚子は文中、「亀川の四の湯に桃の女はまだきっといる。」と執着していた。

よほどに虚子の好みの女性だったのだろう。虚子はロマンチストだ。

種田山頭火「行乞記」①

中津市　一九二九年

山頭火は防府の人。大地主種田家の長男に生まれたが、尾崎放哉（一八八五〜一九二六年、鳥取市生まれ、俳人）と同じで世捨て人となり、旅をしながら俳句を作り続けた。

放哉は小豆島の寺男となり、極貧の中、島に居続けたが、山頭火は気の向くまま風の吹くままに吹かれて、各地を放浪し句作した。

「歩かない日はさみしい　飲まない日はさみしい　作らない日はさみしい」の名散文を残している。放哉と同じ、荻原井泉水門下の新傾向俳句である。

中津へは一九二九年（昭和四年）十一月十七日に、英彦山に登り耶馬渓をぬけて、自由律の俳句誌「層雲」の同人松垣昧々（福沢諭吉旧邸そば）と木村宇平（片端町）を頼って来ている。十八日の宇平宅の句会で、「また逢うまでのさざんかの花」と詠んでいる。さざんかは福沢旧邸のそばにあった。

翌昭和五年も十一月十六日に玖珠から耶馬渓を抜けて、柿坂から耶馬渓線に乗り、中津に訪れている。

「行乞記」に、「そして宇平宅へおしかけて昼酒、また散歩、塩風呂にはいり二丘居（諸町）を訪ね、筑紫亭（枝町）でみつぐり会の句会、フグチリでさんざん飲んで饒舌《しゃべ》った。」とある。

「是が河豚かとたべてゐる」（師匠の井泉水が揮毫した石碑が筑紫亭内に安置されている）、『河豚鍋食べつくして別れた』と二句、残している。後者には「つくし＝筑紫」、つまり筑紫亭を詠み込んでいる。

翌十七日、酩酊した体に朝酒を入れる。行乞記に「ほろほろ酔うてお暇《いとま》する。いつまたあはれるか、それはわからない」と、杜甫の「衛八処士に贈る」の漢詩に近い心境を記している。

「酔うて急いで山国川を渡る」、中津に別れを告げ、宇ノ島を目指した。

種田山頭火「行乞記」②

竹田市　一九三〇年

一九三〇年（昭和五年）十一月六日、山頭火は竹田の町に入ったと、「行乞記」（九州地方の項）に記している。

「竹田は蓮根町といいはれてゐるだけあってトンネルの多いのには驚く」とある。宿は朝日屋。ここへは前年も泊っている。

いつものように着くとすぐに入浴し、一杯となる。この宿は川のそばで、夜中、水の流れる音が聴こえる。

「夜をこめて水が流れる秋の宿」を物している。

七日、「今夜も夜もすがら水音がたえない。（中略）寝ては覚め、覚めては寝る、夢を見ては起き、起きてはまた夢を見る」と記している。

八日、竹田というところは本当にトンネルが多く、入るに八つくぐり、出るに五つくぐったと感慨を述べている。途中、造り酒屋に立ち寄り、三杯ほどひっかけている。

「酔ひざめの水をさがすや竹田の宿で」と詠み、「水飲んで尿《いばり》して去る」と物している。午後三時くらいに湯ノ原の米屋という旅館に草鞋を脱いでいる。

九日、「歩いてゐて、ふと左手を見ると、

高い山がなかば霧にかくれてゐる。疑ひもなく久住山だ、大船山高岳と重なっている」。村々を托鉢して歩くが、子供たちに「ホイトウ」とからかわれる。ホイトウとは大分県の言葉で乞食の意である。ホイトとも云う。

「ホイトウとよばれる村のしぐれかな」を物している。心中を察する。

それでも天気がよかったせいか、「青空のした秋草のうへ　けふのべんたうひらく」を物し、「久住山と差向ひでお辨当を開いた。とても贅沢なランチだ。例の如く飯ばかりの飯で水を飲んだ」と爽やかに記している。おかずはないが久住山がお相手である。豪儀なものだ。

この日は阿南屋に旅装を解いている。

種田山頭火「行乞記」③

由布市　一九三〇年

阿南屋に投宿した一九三〇年（昭和五年）十一月九日の夜は、山頭火の筆は冴えわたっている。

行乞記の中に、「酒はたしかに私を世間的には蹉跌せしめたが、人間的には疑ひもなく生かしてくれた、私はやうやく酒の緊縛から解脱しつゝある」の感慨へ至っている。

酒に逃げるのではなく、酒をコント

十日、山頭火は道中、「旅人芭蕉」（荻原井泉水著、春秋社）を読んでいる。

これまでに三度読むと書かれている。六年前と、二年前と、そして今日と記している。湯平温泉に向かって歩きを進めている。風体はまさに雲水の乞食坊主である。黒縁の丸眼鏡をかけている。

「ここ湯ノ平といふところは気に入った、いかにも山の湯の町らしい」と相好を崩している。

「大空の下にして御飯のひかり」「貧しう住んでこれだけの菊を咲かせてゐる」を物する。爽やかな風が胸の中を吹き、良い諦観に達している。

ロールし、愉しめるようになっている。

またこうも記している。

「貧しい人は貧しさに徹する、愚かなものは愚かさに徹する―与へられた、といふよりも持って生まれ性情を尽す―そこに人生、いや、人生の意味があるのじゃあるまいか」

これは山頭火と同じ曹洞宗の良寛の考えに近い。良寛の「丁度よい」論である。人生の幸も不幸も、喜びも悲しみも、顔も体も名前も姓も、おまえにそれは丁度よい、の論である。宿命を自分の物とせよ、の考えである。ああ、私にはこの嫁が、この夫が丁度よい。息子の嫁も、子も孫も、私には丁度よい。そう考えれば、生きていくことが楽になる。この宿でこの考えに至っている。

種田山頭火「行乞記」④

由布市　一九三〇年

一九三〇年（昭和五年）十一月十日、山頭火は湯平の大分屋に草鞋を脱ぐ。よほど「湯ノ平温泉」を気に入ったのだろう、行乞記の中にこう書かれている。

「此温泉はほんたうに気に入った、山もよく水もよい、湯は勿論よい、宿もよい、といふ訳で、よく飲んでよく食べてよく寝た、ほんたうによい一夜だった」

お湯がうまいらしく、何杯もお茶代わりに飲んだとも書いている。大分屋には連泊している。十一日は午前九時から十一時まで行乞し、午後は洗濯をしている。暮れてから土砂降りとなり、山間部の寒さからか、初霰《あられ》が降ったとも書かれている。

「今夜は飲まなかった、財政難もあるけれど、飲まないで寝られたほど気分がよかった（中略）繰り返していふが、こゝは湯もよく、宿もよかった、よい昼であり、よい夜であった」

行乞記を読むと、山頭火は大衆宿屋の評論家ができる。二三けなしている宿屋もあるが、おおむね「よい宿で」と褒めている。湯平はとくに良かったのだろう。よい句を物している。

「しぐるゝや人のなさけに涙ぐむ」

「夜も働く支那の子供よしぐれるな」

と同宿の中国人の大道軽業芸人の子たちを詠んでいる。土地の人が優しいから、山頭火の心まで優しくしている。

十二日は、由布院湯坪の筑後屋に草鞋を脱ぐ。この辺りはもう冬である。途中、小雪が舞ったと書いている。南由布院、北由布院、湯ノ坪まで四里の道を行乞している。

「由布岳はいい山だ、おごそかさとしたしさとを持ってゐる」

「寝たいだけ寝たからだ湯に伸ばす」

を、筑後屋で得ている。

種田山頭火「行乞記」⑤

玖珠郡玖珠町、森町　一九三〇年

一九三〇年（昭和五年）十一月十三日、山頭火は汽車で四里、徒歩で三里を移動して、玖珠町に入る。

行乞記に、「北由布から中村までの山越は私の好きな道らしい（中略）雑木山、枯草山、その間を縫うてのぼったりくだったりする道、さういふ道をひとり辿るのが私は好きだ」と記す。

門付して、非人間的、非人情的に扱わ

れると、観音経を唱え続ける。それは憤慨と憐愍を抑えるため、諌めるために唱えるのである。

「尿してゐる朝の山どっしりすわつてゐる」

「自動車に轢かれんとして寒い寒い道」

を物している。どこか侘しく辛い。とはいえ、玖珠の丸屋旅館を褒めている。

「二十五銭でこれだけの待遇をして貰っては何だかすまない気がする。」

着くと温かい言葉を掛けられ、すでに炭火は熾っており、お茶が出る、お漬物のお茶請けまで付いている。

十四日は森町を通る。「森町では殆んどすべての家がいさぎよく報謝して下さる」造り酒屋が三軒あったようで、一軒ずつ回り、一杯ずつ頂いている。すっかり良い気分になったようで、森町の風景や人情の良さを、しっかり書きつけている。

「大銀杏散りつくしたる大空」

「歩いても眺めても知らない顔ばかり」

行乞記に、「一路を辿る、愚に返る、本然を守る—それが私に与へられて、いや残された最後の、そして唯一の生き方だ、そこに句がある、酒がある」

この一文が山頭火の本然で、真骨頂だ。「愚に返る」、佳い言葉だなぁ。

林房雄
「繭」「獄中記」

大分市　一九三〇年

作家林房雄は一九〇三年（明治三十六年）五月三十日に西大分で生を受けた。家は雑貨商であったが、父に酒乱癖があり、林が小学校時代に家業は破産した。北大平寺村（現・大分市三芳）の農家の土蔵で極貧の暮らしをする。

母は岩田製糸の女工となり、家計を支えた。林は近隣一帯でも特別成績優秀な子で、旧制大分中学（現・上野丘高校）に入る。母の細腕の力もそこまでで、大分銀行頭取小野家の書生となり、五高、東京帝大法科へと進む。

林のことをよく知らぬ人は、「変節漢」「転向者」とそしるが、彼の著作とくに「獄中記」をよく読めば違うことが分かる。東大時代に「新人会」に入り、マルキストとなり、治安維持法が初めて発動された京都学連事件で摘発起訴される。四年後、刑期二年の有罪判決を受け入獄を経験した。官憲特高と闘った歴戦の勇士である。

彼の作品に「繭」という自伝的好篇がある。一日十数時間、若い女工たちに交じり、立ち仕事で繭の糸を懸命に引き続ける母の話しである。

「母とても、あの工場にいる限り、また

あの哀れな繭の一つではないか。眼に見えない絹糸が、その命を吸い取って行く」

林と思われる主人公は机の引き出しに白い繭を一つしまっている。学問に倦むと、繭を手に取り、母の苦労を切に思うのである。

著作「鉄窓の花」（一九三〇年、先進社刊）の中に、

「子の主義を理解してくれる母をもった私は幸ひである。（中略）社会主義者が肉親感情に溺れることは、過去に溺れることである。悲しい必然である」と。

林は転向したのではない、哀しい必然があったのだ。彼の心はただ母を思い続ける心のように無垢だったのだ。無垢の中に右も左も分けては存在しない。ただ一如だったのだ。

与謝野晶子と鉄幹

中津市　一九三一年

一九三一年（昭和六年）十月九日、再びご夫婦で中津を訪れる。晶子五三歳のときである。一日に別府港に到着し亀の井ホテルに投宿。翌日からご夫婦で久住山一帯を楽しみ、途中、大分女子師範学校や別府高等女学校で、晶子は講演をしている。

晶子は西村伊作（建築家、教育家、文化人）や夫・鉄幹らと共に一九二一年（大正十年）

に文化学院を創設、子女教育に力を入れ始めており、この頃、講演依頼は全国各地からあった。旅を兼ねて、その要請を受けていた。

九日、別府を出て中津へ。宇佐神宮に詣で、宇佐の景色も愉しんでいる。前回の旅では中津に宿泊しなかったが、今回は高本屋に宿を取る。翌日、中津高等女学校（現・中津北高）で講演をしている。当時、彼女の主な講演内容は想像するに、文章創作の参考書「女子作文新講」（一九二九年二月十五日出版）ではなかっただろうか。

同書はこう説く。

まず古今の名著を読むこと。そして、①書くべきことを内に持ってゐることが第一に大切、②次に書きたいと思う欲望と、③是非に書き現はそうという熱心と努力と、④どんな風に書こうか、⑤こんな風に書こうと云う二つの用意を要す——と。文章が不得手という人、この要領は今も通用すると思う。

「『なあに、自分にも書けないことは無い』と思ひながら書いてみると、意外にも、面白い考えが湧いて（中略）あとはすらすらと気楽に書けてしまふと云ふやうなことを、しばしば経験するのでした」

一九一六年（大正五年）前後にお生まれの大分女子師範、別府高女、中津高女生は、直に与謝野晶子の謦咳に接している。

与謝野晶子「九州の旅」①

玖珠郡九重町、別府市、竹田市

一九三一年

一九三一年（昭和六年）十月に与謝野晶子は油屋熊八の招きで、夫君鉄幹氏と共に別府を訪れている。「九州の旅」（一九三三年、明治書院）というエッセイの中にこう書かれている。

「九州の別府で大掌會と云ふ奇抜な會が催された。全國から大きな掌を持つ人の手形を募集し、醫学者達が審査して高点者に授賞するのである。（中略）主催者は同地の亀の井ホテル主人油屋熊八氏であるが、賛助員に徳富蘇峰先生始め朝野の名士が揃はれてゐる中へ、油屋氏と舊友である私の名をも加へられた」

この旅で夫妻は、蘇峰先生や熊八氏に勧められて、久住や竹田を旅している。竹田では田能村竹田の旧居を訪れ、軍神広瀬武夫の丘の上の生家も望んでいる。

「久住山は肥後と豊後の國境にあって、その高原から波野が原を隔てて阿蘇山が望まれた。久住山も火山で一部に硫黄の煙を噴いてゐるが、横幅の長い秀麗な形が富士山の山とちがって温厚な感を與える」

確かに久住は連山だが、その同じ背丈くらいの連なりが、人柄というか、山柄の穏やかさを見る者に伝える。一帯をドライブで回ったらしく、阿蘇まで続く波野や、高原の牧の牛馬たちを愛でている。

「ここで改良された純黒の肥牛が代表的に有名な豊後牛である」と褒めている。

わが大分県の豊後牛は大正時代からすでに名声をはせていた。もっともっと、自信をもって全国に宣伝していくことが大切なことだろう。なにせ与謝野先生が推奨しているのだから。

この旅で先生は、

「頭をば我等のかたへ向くるもの阿蘇を見るもの皆黒き牛」と物している。写生のうまい歌である。牛のほほえましさがよく伝わる。

与謝野晶子「九州の旅」②

由布市、別府市　一九三一、一九三二年

与謝野晶子のエッセイ「九州の旅」の後半に由布院のことが触れられている。

「油屋氏がその別荘のある由布院の温泉に案内せられた。これは別府の山の更に裏側に當り、由布が岳の高原にある小さな湖水の畔に噴出する温泉である。（中略）湖水は清澄で、中に温泉が湧くので、村の少年少女が真裸で菱の實を採りながら寒さを感じない」

湖水は金鱗湖のことであろう。今の由布院とは違って、もっと野趣と静謐さのある温泉郷だった。

こんなエピソードも記している。

「夜中に良人が目を覚ますと蛍が天井に光ってゐた。温泉のため秋までも長らへてゐる蛍だ相だ。丁度、隣室に江見水蔭（作家、中央新聞記者）、松崎天民（作家、東京朝日新聞記者）、平山蘆江（都、読売新聞記者）、長谷川伸（作家、劇作家）の諸氏も泊り合されて、皆この由布院が氣に入ったらしい」

これとは別に一九三二年（昭和七年）八月、晶子が九州に遊んだ時の歌集がある。「草と月光」（改造社）と題している。主な歌をご紹介したい。

高はらの夏ぐさに居て皆くろし
豊後の牛も豊後の蝶も
月見草寂しき色のさかづきに
久住の霧を受けんとすらん
（以上、久住にて）
今日送り明日送らるる身とならん
由布山荘の銀柳の路
こみち濡れ草傾けり由布が岳
車のかよふ五合目の雨
嶽本の池に由布川はじまれる
一町下のやなぎちりゆく
（以上、由布院にて）
みさきなる高崎山の霧に消え
別府も海になるここちする
粘土なる法師の地獄ふつふつと
湧き立つ上の初秋の雨
（以上、別府にて）

島田芳文「キャンプ小唄」

中津市　一九三一年

西城八十は別格として、戦前の名作詞家に島田芳文（本名義文、一八九八〜一九七三年）がいる。かの国民的歌謡「丘を越えて」（映画「姉」の主題歌、一九三一年）を作詞した男である。古賀政男が曲をつけ、藤山一郎が唄った。

旧制中津中学（現・中津南高）の一九回生、生まれは福岡県豊前市久路土だが、中津界隈人としてここに挙げたい。大学は早稲田へ行き、野口雨情の門下に入って詞の修業をしている。一九三一年（昭和六年）に「キャンプ小唄」（曲・古賀政男）で名を揚げる。

♪テント覗くは嶺の月
キャンプキャンプでごろりと寝てりゃ
夢に鈴蘭　香がかおる

続けて「月の浜辺」（同）もヒット。この年に柳条湖事件（満州事変）が起こり、日本中が軍事色に染まり始めていたが、島田は決して軍国調の歌は作らなかった。

旧制中津中学時代、島田は友とよく八面山に登っている。筆者も幼い頃から、父と一緒に胴乱をたすきにかけて、植物採集をかねて八面山に登った。大池あたりでの飯盒炊飯は炊き立て飯に鯖缶だけでおいしかった。中津人のこころの山だ。今でも、故郷と云えば先ず八面山が目に浮かぶ。島田も同じではなかっただろうか。ほかに「スキーの唄」(曲・古賀政男)、「ハイキングの唄」(同)、「スキー行進曲」(曲・古関裕而)、「キャンプの夢」(同)、「山は招く」(曲・佐藤吉五郎)

♪遠い高嶺を朝出て仰ぎゃ
峰にからんだ白雲一つ
そっと靡いて心も晴れる
心朗らか山見ておれば
山は招くよほのぼのと

軍におもねなかった。豊前の男らしい正しく美しい反骨精神があった。不朽不滅の大ヒット曲「丘を越えて」(曲・古賀政男)で、歌謡界に不動の地位を築いた。

柳宗悦
「日田の皿山」

日田市　一九三一年

柳宗悦(一八八九～一九六一年)は美学者であり、宗教哲学者であり、日本民芸運動の中心人物である。柔道を作った嘉納治五郎の甥っ子で、志賀直哉や武者小路実篤、有島武郎といった白樺派の一人でもある。千利休以来の慧眼の持ち主で、とくに用の美、民の美を大切にした。

彼の著作に「日田の皿山」(一九三一年、工藝第九号)という随筆がある。筑後から日田にわたる旅のお話である。「日田もの」の器の美しさに魅かれて、筑後川、虹峠を越えてやって来たのだ。

「土地の人はそこを皿山と呼んでいる。（中略）日田の皿山は大鶴村に属し、小字は小鹿田である。不思議にもこれを『おんた』と読む。豆田を過ぎて筑後川に沿ふて下り、夜明村から北へと折れ、ば大鶴村へ達する。（中略）十軒ほどの家が谿間に固く寄り沿ふて集まる。そこが目指す皿山である。」

「どうしてこんな不便な山奥に窯の煙りが立ち始めたのか。村の年老いた者の話によれば、今から凡そ二百余年前に筑前朝倉郡小石原村から来つて陶法を伝へたのだと云ふ。」

「かゝる日田の山奥の窯場に来て、私達は時代離れに心酔してはならない。だが同時に時代遅れを笑ふわけにゆかない。私達は何が美を産むかを学びたいのである。」

謙虚で素直な律義な佳い文章である。そのまなざしが、民衆の暮らしの中から生まれた美にそそがれたのだ。

この日、柳は、天目の土瓶や、飴色の「うるか」壺や、黄色の茶碗や、緑釉の小壺などを贖い、村を後にしている。峠から振り返って、また来たいと記している。

それにしても嘉納治五郎（柔道家、講道館創始者）の甥とは知らなかった。

杉田久女
「宇佐・耶馬渓吟行」

中津市、宇佐市　一九三三〜一九三五年

筆者は幼い頃から父親に連れられて、中津近郊の山に登っていた。青の洞門の競秀峰や大平山、八面山、豊前市の求菩提山、中学校になってからは犬ケ岳、中三で英彦山に登った。頂上は遠くに雲仙も阿蘇も望める素晴らしい眺望だった。

杉田久女という女性俳人がいる。小倉の人である。英彦山に登ったとき、時鳥《ほととぎす》の声を聴いて作句したのが、「谺《こだま》して山ほととぎすほしいまま」である。一九三一年（昭和六年）、日本新名勝俳句で帝国風景院賞入選作となり、江湖の口の端に上った。

久女は高浜虚子門下で、句作に反対する夫の不機嫌な中で、隠れるようにして句を作り、ホトトギス（正岡子規を中心とした俳句誌）の雑詠巻頭を飾った。

足袋つぐやノラともならず教師妻

この句の中に夫への責めを感じる。

一九三三年（昭和八年）に宇佐を吟行している。

雉子鳴くや宇佐の磐境《いわさか》禰宜ひとり
藤挿頭《かざ》す宇佐の女禰宜は今在《ま》さず

春を惜しむころ、もしくは初夏の始まりのころに宇佐神宮を訪れたのであろう。

一九三五年（昭和十年）には、耶馬渓

を吟行している。青の洞門では、

洞門を出れば潤《ひろ》し簗の景

洞門をうがつ念力短日も

厳寒ぞ遂にうがちし岩襖

鎚とれば恩讐親し法の秋

と詠み、深耶馬渓では、

深耶馬の空は瑠璃なり紅葉狩

耶馬渓の岩に干しある晩稲かな

を力強く美しく物している。

耶馬渓は毎年秋に「中津耶馬渓紅葉吟行大句会」を開催すれば、全国から俳人が集う気がする。町興しになる。

横光利一「旅愁」

宇佐市　一九三七〜一九四六年

筆者は小学校の頃、夏休みには宇佐郡天津村下庄の母方の実家に戻っていた。祖母から隣の長峰村から偉い小説家の人が出ているよと聞き、初めて横光利一を知った。戦前は「小説の神様」とまで云われた人である。新感覚派と呼ばれ、文章に色彩があり、映画的手法の文章だった。

とりあえず短篇中の短篇、「蝿」を読んだ。子供心にビックリした。始まりのゆったりとした場面から、最終シーン、馬車がゆっくりと谷底へ落ちていくドンデン返しに呑まれてしまった。蝿は伏線として冒頭からさりげなく登場していた。まさに映画である。

以来、彼の小説に夢中になった。

筆者の父祖からの菩提寺は現・宇佐市大字赤尾の西福寺である。森を背にしたこじんまりとした簡素で清廉なお寺である。横光家の菩提寺も西福寺であり、何かご縁を感じた。

とは言っても、横光は長峰村で育ったわけではない。本人曰く、「故郷は三重県の柘植町だ」と偲んでいる。ただ、「旅愁」（一九三七～四六年、東京日日、大阪毎日新聞連載）という小説の第三篇に、主人公矢代が幼年の頃の記憶、父の故郷を思い出す場面がある。荒城となった城跡、村里、テーブルに似た岩山に触れている。何かご先祖様の掌《たなごころ》に抱かれているような郷愁と感傷を著している。

「このような素朴な景色を遠望してゐるとき、矢代は、自然にまた自分の父の若い時代を思ひ出した。彼の父は青年時代に福沢諭吉の教へを受け、欧化主義を通して来た人物だった。ただひたすら欧米に負けたくない諭吉の訓育のままに、西洋も知らず、山間にトンネルを穿つことに従事し、山岳を貫くトンネルから文化が生じて来るものだと確信した。」

横光の父梅次郎は鉄道技師である。よって主人公矢代は利一の分身に他ならない。「旅愁」、一一年も掛けたが未完のままである。

熊谷久虎

「中津出身の映画監督」

中津市　一九三七年

熊谷久虎は一九〇四年（明治三十七年）、中津市豊後町の生まれ、ルーツは本耶馬渓と聞いている。旧制中津中学（現・中津南高）の二四回生である。進学は、大分高商（現・大分大学）に学び、卒業後、一九二五年（大正十四年）に父親のいとこで日活大将軍撮影所長の池辺浩久（中津市出身、戦前の映画大プロデューサー、大河内伝次郎を見つけた男）を頼り、日活の撮影部に入る。二一歳の時である。名監督の田坂具隆や溝口健二の下で五年間修業し、一九三〇年（昭和五年）に一本（監督）に昇格する。早い方である。

この頃、弟の九寿（旧制中津中学二九回生）も池辺の伝手《つて》で日活撮影所美術部に入る。九寿は梅原龍三郎と盟友で、国画会筆頭のあと、晩年は湘青会の重鎮になっている。

久虎は「情熱の詩人啄木」や「蒼氓《そうぼう》」（原作石川達三、第一回芥川賞受賞作）で、底辺の人間たちの遣る瀬無いこの世への憤りを骨太に描いている。

日活を出て東宝に移り、一九三八年（昭和十三年）、「阿部一族」（原作森鷗外）で一気に一流監督の仲間入りをする。すべて中津人らしく、反骨の作品ばかりである。

久虎は妻の妹、会田昌江（一五歳）を映画界に誘う。原節子である。原のデビューは田口哲監督の青春物、すぐに名監督の山中貞雄が「河内山宗俊」に路頭での甘酒売りの少女として起用する。

久虎本人が原を起用したのは「上海陸戦隊」、一九三七年（昭和十二年）八月に起こった海軍陸戦隊の上海での戦いを再現したものである。セミドキュメンタリータッチで、かわいこちゃん女優の原に、抗日の姑娘役を与えた。義兄として、原の役の幅を広げさせたかったのだろう。

熊谷と原が組んだ仕事に、「指導物語」や、高村光太郎の妻を描いた「智恵子抄」などがある。

火野葦平「革命前後」

中津市　一九四四年

熊谷久虎は一九四一年（昭和十六年）、「指導物語」を鉄道省の後援で作る。老機関士役丸山定夫と、機関車操縦術を習う若い陸軍兵に藤田進、老機関士の娘に原節子という布陣である。銃後でも前線の兵士に負けぬ働きをしようという国威というか士気発揚映画で、美しい機関車C58がふんだんに映る。今でも鉄道ファンならば垂涎の映画であろう。この作品を最後に熊谷は戦後までメガホンを執らない。

この間、中津と東京を行き来し、一九四四年（昭和十九年）に中津近郊に疎開する。この頃、原節子はよく中津に来ており、当時、中津高女（現・中津北高）のお嬢さん方にその姿を耶馬渓線のホームで見られている。同年の後半から敗戦までは原も熊谷家に同居していた。この年、原は一本の映画にしか出ていない。

日本が沖縄戦に負けた後、熊谷は九州独立を考える。国がもし本土決戦をしないのであれば、天皇を擁して九州だけでも独立し、米国と決戦しようと考え動いていた。そのあたりのことは火野葦平の「革命前後」（中央公論社、一九六〇年）に詳しい。

小説の中で、熊谷は「虎谷義久」、火野葦平は「辻昌介」となっている。

虎谷「辻さん、力になって下さい。一大事がおこりかかっています。敵が九州を目ざしていることは必至です。九州においで敵を破るか、破られるかによって日本の興亡がきまります。（中略）いちいち東京の大本営の指示を仰いでいたのでは、戦機を失います。（中略）つまり、九州の独立です。九州に単独の軍政を布いて、革命政府をつくるのです。」

虎谷義久は涙を流しながら、両手で、辻昌介の両手をシッカリと握りしめた。

九州独立論主義者であった。広島と長崎への原爆投下でこの考えは雲散霧消した。

吉川英治「夕顔の門」

中津市　一九三八年

吉川英治（一八九二〜一九六二年）と云えば、大衆文学の雄である。「鳴門秘帖」や「宮本武蔵」「三国志」ほか、長編物が多いが、短編も多く物している。とくに筆者が子どもの頃、NHKラジオの徳川夢声による「宮本武蔵」には聴き入ったものである。

一九三八年（昭和十三年）発表の「夕顔の門」（婦人倶楽部臨時増刊号）は中津を舞台にしている。時代は、中津藩が小笠原家八万石時代の設定であるから、江戸初期のお話である。もう嫁ぎ先の決まったお市には格之進という如何しても添いたい恋人がいた。二人で駆け落ちを決行する。

「中津の城下は、もう何処も寝静まっていた。（中略）道は、山国川の流れに添っていく。町から離れ、村から遠去かるに従って、登りにかかった。宇佐まで六里。小倉まで十五里半。峠の追分まで来て、ほっと楠平（お市の家の若党）が汗を拭っていた時である。もう戸を閉《た》てて人気もない筈の山茶屋の陰から、人影が二つ——寄り添って彼方へ行くのが見えた。」

追手の楠平はお市を家へ返そうと努めるが、逆に格之進に瀕死の深手を負わされてしまう。その翌々日、二人は門司から赤間の関へ行く便船の中で、追手の者たちに掴まる。お市は半年後に鷹番の侍曽我部兵庫に嫁がされる。兵庫はこれまでの仔細を知った上で妻にする。お市は子を為さず、もう六年の月日が過ぎていたが、夫の身の回りの事も、家の事もせず、死んだように生きていた。兵庫はお市の実家の体面を考え、お市が格之進を忘れて、立ち直ることに腐心する。が、そこにまた格之進が現れる。大変不幸な結末となっていくが、兵庫は実に心の広い本物の武士として描かれている。吉川英治ほどの大作家が、どうして中津という場所をわざわざ選んだのかは解せない。

種田山頭火「道中記」

中津市、宇佐市　一九三八年

山頭火は一九三八年（昭和十三年）三月十五日にも中津を訪れている。行橋から日豊線に乗りやって来た。

まず片端町の木村宇平宅を頼る。木村は眼科医をやっていた。夜は木村宅で村上二丘、松垣昧々を交えて句会。三者ともに自由律俳句「層雲」の同人だった。ここで山頭火は、「あなたを待つとてまんまるい月の」と満月を詠んでいる。末尾の「の」がいい。誰も会いには来ない月への憐憫の情が「の」の余韻にある。この句碑は鷹匠町東林寺境内にある。この辺りのことは「道中記」に書かれている。

三月十七日、宇平、二丘、味々に送られて中津を辞し、宇佐へ向かう。二、三杯ひっかけたと記している。朝から酒である。歩けなくなり、バスに乗っている。M屋という安宿に泊まる。安いが親切で気立ての良い宿だったとある。

この日、宇佐神宮に参拝している。

「旅も春めくもぞもぞ虱がゐるやうな」

と詠んでいる。つまり全くの乞食行脚僧である。

「街をぬけると月がある長い橋がある」

と詠み、境内では

「松から朝日が赤い大鳥居」

「春霜にあとつけて詣でる」

と詠んでいる。この両句は宇佐神宮内に句碑がある。

あと宇佐界隈で物した句は、

「牛をみちづれにうららかな峠一里」

「今日の日をおさめて山のくつきりと高く」

「ひとり山越えてまた山」

山頭火、ひとり山々を越えて宇佐を去って行った。

「ひとりでいることはさみしいけれど、ひとりで歩き、ひとりで飲み、ひとりで作ってゐることはさみしくない」

酔って草むらでコオロギと寝ていた男だ。憧れるなぁ。

織田作之助「続夫婦善哉」

別府市　一九四〇年

オダサクこと織田作之助の小説「夫婦善哉」（一九四〇年、同人誌「海風」四月号）は、もちろん大阪法善寺界隈が舞台である。ご存じ、柳吉と蝶子の腐れ縁の物語である。豊田四郎監督で一九五五年に映画化、二人を森繁久彌と淡島千景が演じた。絶品の出来栄えである。

さて二人は大阪に見切りをつけて別府に流れる。この続編が見つかったのは二〇〇七年、「夫婦善哉・完全版」として雄松堂から刊行されている。書かれたのは大阪篇と同時期だったと思われる。

あらましを云えば、蝶子はやとな（芸の出来る仲居）として花柳界で働いていた。柳吉はいいとこのボンボンだが、遊び人で家を勘当となり、蝶子のヒモみたいなもの。

柳吉は小倉で競馬をした帰りに別府に寄り、理髪店向きの化粧品と刃物を商う店をしようと、勝手に大阪の割烹「蝶柳」を売り、別府流川の外れの中町に出物の店を見つけ、すでに手付けを打っていた。蝶子は柳吉のすることに異を唱えない。いつも柳吉に付いていき、商売はあんじょう仕上げる。

別府に「玉初」という貸席があり、二人は根が花柳界好きにて出入りを始める。

蝶子はもともと三味線がうまく、別府の芸妓は太刀打ちできず、検番にも知れ渡る。金も少々ためて、いよいよ流川に店を出した。

「流川通に大阪屋刃物店の看板が出た。『流川通の偉観』という見出しで別府新聞に写真入りだと、蝶子は切り抜きを京都にいる弟信一のもとへ送ってやった」

信一とは旧制三高に通っていたオダサク自身のことで、蝶子は彼の姉千代子がモデルである。小説の終わり、柳吉の亡き前妻の娘が結婚するということで、結婚式に出てくれと云う。蝶子は長い年月かけて、やっと娘に自分が認められたと胸をなでおろすところで話は終わる。

蝶子と柳吉、けんかばかりの二人だが、どこか肌合いが合うのだろう。

織田作之助「雪の夜」

別府市　一九四一年

織田作之助はどうしようもない大阪の男と女を書かせれば天下一品である。男は女遊びばかりする、女はそんなちゃらんぽらんな男に惚れて、けんつくを言いながらも立てて付いていく。

「おばはん、よろしゅうたのんまっさ」「へえ、おおきに」とつい答えてしまう、浪花の女は人がいい。

筆者が高校時代、太宰治、坂口安吾、

オダサクを読むのが、はしかのように流行り病だった。なんでこんな無頼派に憧れたのか。戦争に負けた親父たちを見ていて、反発したのか。ストイックより、ちゃらんぽらんの方が人として自然だったのか。

オダサクはよく姉に会いに別府を訪ねていた。「雪の夜」（文芸、一九四一年）では別府をこう描く。

「温泉宿の女中は客に語った。往来のはげしい流川通でさえ一寸も積もりました。大晦日にこれでは露店の商人がかわいそうだと、女中は赤い手をこすった」

「しかし、さすがに流川通である。雪の下は都会めかしたアスファルトで、その上を昼間は走る亀の井バスの女車掌が言うとおり、『別府の道頓堀でございます』から、土産物屋、洋品屋、飲食店などはほとんど軒並みに皓々と明るかった」

今は照枝と別府で暮らしている坂田は、かって照枝を腹ませた男松本と遭遇する。人生落ち目の坂田に、松本は困っていたら大阪に戻ってこいと名刺を渡す。坂田は意地で金もないのに流川の喫茶ブラジルのコーヒー代を持つが、それが見栄の精一杯である。松本と別れた後、屈辱感から彼の名刺を雪の路の上にチリジリに破いて棄てる。負け犬の哀しさである。

いつも、生活力のない、うだつの上がらぬ男と女、それも腐れ縁の男と女をオダサクは好んで書いた。

徳田秋声「西の旅」

別府市　一九四一年

徳田秋声（一八七二〜一九四三年）は自然主義文学の泰斗である。尾崎紅葉門下生で、故郷金沢を同じくする泉鏡花と共に並び称された。自然主義分野では、島崎藤村、田山花袋と共に筆を競っている。

自然主義とは何だろう。主には男女の摩擦、隘路、桎梏、嫉妬を包み隠さず綿密に自然にあるがままに筆先を鈍らせず描写していく文学である。徳田は主に宿命に翻弄される女の人生を描いている。男を利用して生き抜いていく「あらくれ」や、男に利用されて堕ちていく「縮図」の芸者銀子のようにである。

ここに「西の旅」（一九四一年、文藝春秋六月号）という短編がある。

作家で少し売れ始めた主人公が、兄夫婦の紹介で胃腸の治療のために別府にやってくる。

「嫂（兄嫁）の話によると、別府には彼女たちの叔母さんが一人ゐるので、行きさへすれば、そう費用もかゝらないで逗留できるし、山といはず野といはず、町中に海辺にも、湯は至るところに湧いてゐて、気候も温かく、風景にも恵まれてゐるから、退屈するやうなことはないに決まっている」（「西の旅」より）

「三月だといふのに、この温泉町はもうセルの季節であった。等は二日ばかり離室《はなれ》で寝てゐたが、一度そっと流川で呼んだことのある歯を黒く染めた、是も大阪もの、女が、よくお絹の家へも立ち廻って来る、京都育ちのお婆さんを先導に、不意に彼の枕頭へ姿を現したりして家の人達を驚かせたが」（同）

東京を出て大阪から別府、そして京都へ行き、東京に戻るまでのお話である。

徳田先生は別府が気に入り、よく訪れていた。大阪を追われ、別府に流れついた浮草のような男女が身をひそめて生きている町別府、そんなやるせない二人を見るのが小説のこやしとなったのだろう。

火野葦平「中津隊」①

中津市　一九四四年

火野葦平は一九四四年（昭和十九年）一月二十四日から、西日本新聞夕刊に中津の「増田宋太郎」を書いた。七〇回連載で中断しており、未完のままである。題は「中津隊」、書き出しは

「なん度か、耶馬渓をたずねたことがあるので、その時に私は中津を通過したことがある。中津が耶馬渓鉄道の乗換駅であるからだ。四度ほど耶馬渓に行った

から、中津も八度行ったことになるが、」とある。

火野は増田を書くにあたり、中津市をよく訪れている。調査に四度足を運び、挿絵の星野順一も同行している。資料を渉猟し、歩き回り、古老に聞きまわり、中津の風、光、人柄、気風を直に感じ取っていたのだろう。

「昨年の十二月二十日の夕刻には、星野君と二人で、殿町の古本屋にはいり、本をさがしていた。すると、その隣で、ラジオが高らかに鳴っていた。（中略）ラジオは、そのとき、マキン、タラワ、両守備隊の玉砕を報じてゐた」（第一章「扇城」より）と文中にある。

筆者は子供の頃、よく公園地で遊んでいた。独立自尊の碑に上り、遠くお向かいに座す「西南役中津隊之碑」を見つめていた。中津隊の隊長増田は慶應義塾にも学んだが、西洋文明ばかりを唱える福沢諭吉を国家の害毒として、彼の命を狙っていた男である。くしくも、同じ公園地内に石碑がある。不思議な縁を感じる。

増田は西郷隆盛に呼応して、中津から蜂起突進し、最後は薩摩城山の露と消えた。敗走中に増田が詠んだ歌がある。「雨のふる日と日の暮れがたは生れ故郷が思はれる」

火野は言っている。「調べれば調べるほど隊長増田宋太郎が好きになってくる」。

「九州の中津という所にこのような純真で魅力を持った人物がいたのである」と。

火野葦平「中津隊」②

中津市　一九四四年

火野は四度の中津取材と書いている。接触頻度は情を呼ぶ。小説「中津隊」の第一章「扇城」には、中津の町を優しいまなざしで縷々紹介している。

「中津の町を歩いてみると、いかにも落ちついた静かな町である。（中略）城下町らしい古雅な匂いが、いたるところに残されている。」

中津人としては、七七年前の故郷がほうふつでき、少しうれしくなる。火野は公園地の「西南役中津隊之碑」に立ち寄り、石碑の裏文章を読んでいる。水島鉄也（一八六四～一九二八年）先生の選書であり、きちょうめんな楷書と褒めている。水島は神戸高商（現・神戸大学）の初代校長である。中津市金谷本町の生家跡は水島公園となっている。増田宋太郎は水島の叔父にあたる。

「海辺近いところにある安全寺（中津市下正路）に、宋太郎夫妻の墓がある。安全寺は、いつ行っても、掃きあとの美しい寺で、墓地にはいるために、砂をみだすのがはばかられるほどだ。」（「中津隊」より）

安全寺を出れば、すぐに闇無浜神社である。筆者も幼い頃から、新年が明ければ家族でまだ暗い竜王社（闇無浜）に初詣をした。増田は一時、この闇無浜の宮司をしていた。

「桜町には、同じ通りに、松屋と、料亭酔月がある。松屋は、中津隊の同志が決起当日、集合して出発した家で、酔月は、道生館（中津の国学者渡辺重石丸の私塾）の後である。」（同）

増田は道生館に学んでいた。

火野の文章で中津をあらためて知る。亡くなった筆者の母が云っていた。

「中津高女（現・中津北高）時代、毎日のように増田邸の草取りに行っていた。その頃は福澤邸は草ぼうぼうだった」と。今は更地の増田邸、入った正面奥に石碑があるばかりである。

大仏次郎「乞食大将」

中津市　一九四四年

大仏次郎（一八九七〜一九七三年）という作家がいた。大仏は「おさらぎ」と読む。代表作は「鞍馬天狗」シリーズである。

彼が後藤又兵衛基次の一代記を「乞食大将」という小説に残している。この作品は一九四四年（昭和十九年）十月から、一九四五年（昭和二十年）三月までは朝日新聞に連載され、同年十二月から一九四六年（昭和二十一年）三月まで、「モダン日本」などに継続連載された。

大仏はこれを書くにあたり、中津および城井谷（福岡県築上町）を取材している。

若い黒田吉兵衛長政と兄貴分又兵衛が、城井谷の宇都宮鎮房攻めに負けてばかりで手を焼いているところから始まる。

父親の黒田勘解由孝高（官兵衛）はあせらずゆっくりと兵糧攻めとした。

文中、「城井谷の封鎖は、一ヵ年近く続いた。その間、田畑は手も入れられず荒れて、糧食を外部から得ようにも交通はたち切られていたわけである。」

「花が散って、葉桜となった。中津のような海寄りの平地よりは春も数日遅れ気味の城井谷の山も谷も、一面に新緑に蔽われて来ているはずである。風の強い五月がやがて来るまで、静かな日々が続くのである。」

やがて宇都宮は帰順し、せがれ朝房と娘鶴姫を人質に差し出す。孝高（官兵衛）は、「朝房を中津に置いて安泰に暮らさせおいた。侍女となって来た鶴姫も、そのままで平穏に置く。城井谷に残った鎮房には手も触れぬ。謀計といえば謀計である。」

業を煮やして、鎮房が孝高不在の日に百騎を引き連れて中津へ出て来る。長政が応対し中津城中に鎮房を入れ、家臣どもは合元寺（中津市寺町）へと案内する。勇猛にして大体躯の鎮房に隙はない。この猛将を仕留めるのが槍の後藤又兵衛である。あくまでこれは小説であり、史実とは異なるが、中津のことが随所に描かれている。

戦後復興期編

織田作之助「湯の町」

別府市　一九四六年

銀座のルパンという半地下のバーへ行くと、今もオダサク（織田作之助）、太宰治、坂口安吾の写真が一番奥の壁に飾られている。三人がよく飲んだバーである。関西人の気概であろうか、オダサクは何かと繁華街を例えるとき、銀座ではなく道頓堀に例える。アンチ東京なのかもしれない。

例えば「湯の町」（一九四六年、トップ

ライト世界社）という作品はこうだ。

「流川通りは別府温泉場の道頓堀だ。カフェ、喫茶店、別府絞り・竹細工などの土産物屋、旅館、レストランが雑然と軒をならべ、そしてレストラントの三階にはダンスホールがあった。妖しく組み合った姿が窓に影を落して蠢いていた」

主人公は雄吉という新聞記者である。商売女のマスミとの交情を描いている。

雄吉は先にお風呂に入っていた桂子という女を見て、「綺麗な女だね」「僕もあの女を呼べばよかった」と軽い冗談を言ったことで、相方のマスミが拗ねたのだ。

「年期があけているのに毎日客をとっている女の愚かさや、習慣の根強さが哀れというより、歯がゆかった」

別府の夜の女たちの境遇に義憤を感じながらも、結局は遊んでしまう男の矛盾の性を巧みにテンポの良い筆致で描いている。オダサクの別府四部作の一つ、別府は瀬戸内海を挟んで大阪から遠い町のようだが、昔は大阪人でにぎわう大阪の奥座敷だった。

哀れと思ったマスミから一杯食わされていた雄吉。別府港を去る時、マスミは別のデップリとした中年男を見送りに来ていた。夜の女マスミとの二夜の契り、同情した雄吉がばかだった。上手な佳篇である。織田作之助という立派な名では呼びたくない。「ヨッ、オダサク！」とほめたたえたい。

織田作之助「怖るべき女」

別府市　一九四六年

「夫婦善哉」に描いた姉夫婦が別府に移り住んでから、オダサクは姉をしたってよく別府に遊ぶようになった。よって別府で仕入れて書いた作品も多い。

「怖るべき女」（一九四六年、りべらる太虚堂書店）もその一つ。これはもともとは硬派文芸雑誌の「りべらる」に発表された中編である。りべらるは戦後の読者ニーズに合わせて徐々にかすとり雑誌化していった。

主人公は京子、男たちの心をしびれさせる、エキゾチックな美人である。

「父親は中村某という旅役者で、京子の生れた別府温泉へ巡業に来た時、中村某の美しい女形姿は、温泉場の女たちの血を湧かせた。土地の芸者たちは自分で花をつけて、中村某の座敷へ出るのに随分苦労するくらいだった。京子の母親は、流川通の土産物店の看板娘だった。中村某は京子の母親に眼をつけた。母親は毎夜、中村某の泊まっている宿屋へしのんで行った」（「怖るべき女」より）

京子の母は、旅役者である京子の父を追って出奔、赤ん坊の京子は祖母の手で育てられた。京子は絶世のろうたけた美人に成長する。世話をしようという男が多くあらわれたが、祖母はやすやすと安きには売らなかった。この美しさならば華族様へも輿入れできるだろうと値踏みしていた。京子は流川通りのダンスホールにも出入りする。

「曲は『別府小唄』のフォックス・トロット（アメリカン社交ダンス）であった。『♪別府通いの汽船の窓で　ちらり見かわす顔と顔　あなたもウィンク　あたしもウィンク　別府湯の町　別府湯の町　恋の町』」（「怖るべき女」より）

ここで京子は映画俳優の早野と出会い、この男を篭絡し、一夜を睦む。これまで馬鹿にしていた男女の事に目覚めていく。

この作品は「未完」に終わっている。今後の京子の成長を知りたかったが、オダサクの命が持たなかった。

坂口安吾「二流の人」

中津市　一九四七年

実は天下を虎視眈々と中津から狙っていた男がいた。黒田官兵衛如水である。

坂口安吾が「二流の人」（一九四七年、九州書房）につぶさに描いている。豊臣秀吉の軍師として仕え、秀吉は内心彼を恐れており、太閤の機嫌を害さぬよう、注意して仕えている。

如水は石田三成と徳川家康の関ヶ原の戦いは長引くと考え、この間に豊前豊後はもちろんのこと、九州を平定し、中国までも抑えれば、三成と家康どちらかの勝者と一戦交え、天下を手中にと野心を抱いた。

「如水は九州中津の南国の青空の下に、（中略）野生満々天下の動乱を待ち構えていた」

「大乱これより起こるべし。如水はたちまちかく観じて、長政に全軍をさずけ、大事あらばためらうことなく家康に付して存分の働きを怠るなと言い含め、お膳立てはできたと九州中津に引き上げる」

ところが関ケ原冬の陣は一日で終わった。如水は百日は膠着状態が続くものと考えていた。九州は首尾よく平定したが、中国、播磨まで従える時間はなかった。そこで天下取りを一切諦め、九州平定は家康様のために行ったと、すべてを家康に差し出した。

家康も如水の天下取りの腹の内は読んでいたが、一切事を荒立てず、また如水もすべての恩賞を断って、「このたび愚息（長政）に莫大な恩賞をいただいております ので、私の恩賞などはひらにお許しにあずかりたい」と拝辞した。見切り、揖切り、諦め、引き際を知っていた男である。

安吾の見立てでは、如水はどさくさに生きた一流の「二流の人」であった。

これは安吾の処世訓かもしれない。

市川右太衛門
映画「乞食大将」

中津市　一九五二年

一九五二年（昭和二十七年）、大仏次郎の「乞食大将」を元に、東映松田定次監督が映画にした。名脚本家の八尋不二が脚色した半事実・半フィクションの作品である。

後藤又兵衛に旗本退屈男で人気の市川右太衛門、黒田甲斐守長政に水戸黄門役で有名な月形龍之介、宇都宮鎮房に羅門光三郎という布陣。城井攻めに手を焼き、黒田側、負け戦のところから映画は始まる。

市川の又兵衛と、月形の長政の意見が合わない。両者の仲が悪いことがよく伝わる。史実でもその通りである。この豊前中津時代の又兵衛は二七歳、長政はまだ二〇歳である。奇異なのは、青年の又兵衛に四五歳の右太衛門、もっと若い長政に五〇歳の龍之介、あまりにオジサンすぎて、よくこれでキャスティングしたものだと笑ってしまう。鎮房は五二歳で、羅門は五一歳だったので、羅門だけは年相応だった。

又兵衛発案の夜襲作戦で何とかついに城井谷を攻め落とす。鎮房のせがれ花若（歴史上では朝房）と、娘鶴姫（千代姫とも云われている）を人質に捕る。残るは鎮房、長政はこれをだまし討ちにしようと奸計を謀る。

　又兵衛はだまし討ちに強く反対する。結局、謀略は遂行され、一五八八年（天正十六年）四月二十日、鎮房一行は中津へやって来る。又兵衛は鎌倉からの名家宇都宮鎮房の名誉を重んじ、一騎打ちを挑み、これを打ち取る。鎮房の部下たちも合元寺（後に赤壁と呼ばれる）ですべて討ち取られる。長政はすぐに城井に出兵し、留守居の者、領民たちもなで斬りにする。

　この仕打ちを見て、又兵衛はますます長政を嫌悪し、中津城を出る。つまり天下の豪傑は親分なしの乞食大将になるのである。

三浦義一
「歌集　悲天」

大分市　一九五三年

三浦義一は（一八九八〜一九七一年）、右翼の大物、日本橋室町に事務所を構えたことから、「室町将軍」の異名もとった。ここでは政治的国士の三浦より、歌人としての三浦をご紹介したい。

　筆者の父は大東塾の影山正治の信奉者で、影山が中津神社で講和するときは、いつも聴衆のひとりだった。三浦は一時、大東塾の顧問をしており、二人は肝胆相照らす仲だった。

「歌集　悲天」（一九五三年、三浦義一刊行会）には影山の短歌も多く収録されている。命より名を惜しむ、三浦の魂の歌が紙幅より天に向かって躍り出ている。三浦の人生の記録であり、故郷大分のことも多く詠んでいる。

「由布山」の項では、「由布やまに雪ふりにけむふるさとの冬さびし文をよみにけるかも」

「祖父と祖母」の項では、「いたましく中風を病みしおほははのかなしき笑みをいまだわすれず」「とよ国の秋の長夜をなげきつつ命ほそりしおほははおもほゆ」、添え書きがある。「祖母は豊後大分に逝く。われ時に十歳」、この祖母への情愛を読むとき、右翼とかどうのこうのはない。愛情こまやかな一歌人である。三浦は祖母を想い泣きながら歌を詠んでいる。

「由布川」の項では、「ふるさとの由布川の鮎のにがうるか思ひでつつ今宵居にけり」

「日本の笛」の項では、「とよくにの夏山思へばはるけくも過ぎにしひとを悔えぬときなし」、これにも添え書きがある。「亡き妻ふたりは、豊前駅館川のほとりに生まれ育つ。姉妹なりき」

早くに両妻を亡くす。その寂しさは、いくら歌に詠っても詠いきれない。三浦はこわもての将軍ではない。いばらの悲しみの中を生きる、無常を知るロマンチストである。お孫さんの三浦柳氏が「残心抄　祖父三浦義一とその歌」（ＰＨＰ研究所）を上梓している。

林房雄
映画「美しき母への讃歌」

大分市　一九五三年

林房雄には「美しき母への讃歌」（一九五三年、主婦の友社）という小説がある。これを中津市出身の熊谷久虎監督が映画化した。林と熊谷は一歳違い、共に大分県出身同士、かつ共に左翼から右翼への転向組である。

熊谷は国粋主義思想研究団体「すめら塾」を主宰していた。火野葦平と組み、九州独立も画策していた。林も一時、影山正治が主導する政治結社「大東塾」にいた。筆者の父が大東塾シンパで、影山はよく中津神社に講話に来ていた。大東塾は右翼結社というより、短歌をよくする文学的結社とも云えた。

林も熊谷も鎌倉に住んでおり、交流があった。そこで熊谷がこの自伝的小説に惚れて映画化したものだ。

主役の美しい母に、熊谷の義妹原節子を充てている。原も戦時中は熊谷家族と中津の郊外に疎開しており、出演は大分県への恩返しとも考えたのだろう。

実話とは相当に変えているが、基本的筋立ては林の自伝である。

林の実の母は製糸工場の女工であるが、映画では製紙工場となっている。父は酒飲みで雑貨屋稼業を破産させているが、映画では金鉱掘りの山師とし、佐分利信が演じている。

父は山へ行ったきりで、母一人子一人の暮らしは貧窮で、昔世話をしたお手伝いさんの家に居候している。主役の小学生の坊やが林房雄の幼き日である。成績優秀で師範の付属小に通っている。母は働きづめに働き、子も母の期待に応えようと必死で勉学に励む。敗戦国日本の母子を鼓舞した映画だった。

小説では、林が幼き日の大分市が、母同様に美しく描かれている。

林は戦前に転向し、プロレタリア作家を廃業したが、母への思いや弱い人間への思いはいささかも変っていない。

川端康成
「波千鳥」①

別府市、由布市、玖珠郡九重町
一九五三年

「波千鳥」は川端康成が、小説新潮に一九五三年（昭和二十八年）に発表した作品で、前作「千羽鶴」の続編である。

主人公菊治は、「千羽鶴」で出会った父の愛人太田夫人と深い仲になる。亡き父親の愛人という事で、背徳感を持つが、夫人は父と息子の菊治を混同している感もある。太田夫人の死後、菊治はその娘文子とも関係をする。菊治と母とのこともあり、文子は父の故郷である竹田に身をくらませる。文子は別府、由布院、久住、竹田から別れの手紙を菊治に送る。

川端は、与謝野鉄幹の短歌を引用して、文子の心中を表現している。

「大いなる師と近づくに似たるかな
久住の山にひかるる心」

「にはかにも行くへ知られぬ身のごとし　久住の山を雲ちかく閉づ」

川端もこれを書くにあたり、しばらく小野屋旅館（今はもうない）に滞在し、飯田高原から久住山一帯を歩き、綿密に描いている。

「別府から大分を通って汽車で竹田に行けば早いのですけれど、九重の山々に『近づいて』見たいと思いますから、別府の裏の由布岳の麓を越えて、由布院から豊後中村まで汽車、そこから飯田高原にはいり、山を南へ越えて、久住町から竹田へというコオスを選びました」

文子から菊治への手紙である。

大分県中部の最も美しいやまなみのコースを選んでいる。

この文子の旅は、菊治の父と自分の母、また母と菊治の不倫、そして自らのことに悩んでの旅であった。

船で伊予灘を通り、別府港に着いている。別府は観海寺温泉に宿を取る。湯殿の窓から町や港が一望できると記している。

菊治への想いをふり切るための旅でもあった。

川端康成「波千鳥」②

玖珠郡九重町、別府市　一九五三年

文子は別府の地獄めぐりをする。バスが一〇〇円、見物料も一〇〇円と書いている。一五～一六ヵ所の地獄があり、川端は文子の眼を通して、二つの地獄をとり上げている。

「地獄のなかでは、血の池地獄と海地獄が、妖艶とも神秘とも、なんとも言いようのない色でした。（中略）こうして血の池地獄や海地獄のふしぎな色を思ってみますと、夢幻の世界の泉のようです。もし母や私が愛の地獄にさまよっていたとしますと、そこにはあのように美しい泉もあったのでしょうか。地獄の湯の色に私は恍惚とします」

女心の表現がうまい川端らしい、官能に満ち満ちた表現である。この文子の旅は菊治のことを想いながら、別れを逡巡している旅でもある。

その翌日、十月二十一日、文子は飯田高原の筋湯に足を延ばす。文子の手紙を借りて川端はこう書いている。

「筋の凝りや痛みにきくので、素朴に筋湯と呼ばれているのでしょう。宿の内湯はなくて、大きい共同湯へはいりに行きます。涌蓋山と黒岩山とのあいだの谷の奥です。」

とは云うものの、涌蓋山と黒岩山との間は距離があり、「あいだの谷」というほど近くはないが……。ま、ともあれ、秋、紅葉の季節である。城島高原から見る双耳の峰をもつ由布岳の美しさ。豊後中村駅から飯田高原に登る道からの、九酔渓の紅葉の見事さ。十三曲りを登り切り、振り返って見る全山紅葉のすごみの美にも触れている。

文豪の手になる、旅行紀行名所案内文にもなっている。もったいないことだ。

ちなみに、涌蓋山の頂上に登ると、九重山群のかさなりをつぶさに見ることができる。

川端康成「波千鳥」③

玖珠郡九重町、竹田市　一九五三年

文子は法華院温泉までやってくる。

筆者も子どもの頃、父に連れられて、中津から別府に日豊線で行き、別府駅前から大分交通のバスで長者原まで行き、雨ヶ池、坊ガツル経由で法華院へ行っていた。当時、宿坊は簡素で、お風呂は裸豆電球の暗いお風呂だった。

文中に「法華院温泉で、十月二十二日……。今日は千五百四十メエトルの峠、諏峨守越《すがもりごえ》を越えて、千三百三メエトルの法華院温泉に泊っています。九州では一番高い山の湯だそうです。（中略）法華院の宿は山中の一軒家です。郵便も新聞も配達されません」

筆者が中学校に入ったころに、峠に諏峨守小屋ができた。長者原から石のガレ場を越えて、ここで三俣山を仰ぎながら一休みをした。硫黄山の硫黄の臭いの中で、コーヒー牛乳かラムネか何かを飲んでいた記憶がある。川端がこの小説を著したころ、まだ小屋はできていなかった。

「広い原にさしかかりますと、行く手真直ぐの三俣山と星生山とのあいだに、硫黄山の煙が遠く見えました。山々は晴れ渡っています。右手の涌蓋山の空に淡い白雲のかけらが浮いているだけでした」

ここで文子は九重連山をこまごま書きながら、菊治との別れを決意する。

「峠から北千里ヶ浜におりて振り返りますと、峰に沈もうとする太陽が、硫黄の煙で、白っぽい月の妖怪のようでした。行く手には大船山のみごとな紅葉が夕暮れの錦でした」

久住山、大船山、星生山、三俣山、平治岳、そして最も背の高い中岳と、九重山群は一〇〇〇メートル級の美しい山々が連っている。

「月の妖怪」とは実に川端らしい比喩である。

川端康成「波千鳥」④

竹田市、玖珠郡九重町　一九五三年

文子は法華院温泉から久住高原を下って、十月二十三日に、父のふるさとである竹田に入る。伯父の家に世話になる。竹田に至る前の道中をもう一筆、川端は文子の手紙を通して描いている。

「坊ケつるを歩いてみました。三俣山、大船山、平治岳などに囲まれた盆地です。三俣山は昨日と反対側から見るわけです。筑紫山岳会のあせび小屋のあたりまで行きました。あせびの群落のなかに、可愛い万年杉が生えていました」

筆者も中学高校と毎年のように、坊ケつるで夏キャンプをした。見上げるとくじゅう連山に囲まれており、湿地帯の美しいキャンプ場で、夜はキャンプファイアーを囲む。芹洋子さんでヒットした「坊がつる讃歌」や「穂高よさらば」「山のロザリア」をみんなで唄っていた。

文子は竹田の駅で「荒城の月」を聴き、菊治を想いながら、父の故郷を歩き回る。岡城、田能村竹田旧居、田伏屋敷跡、中川神社、広瀬神社、魚住の滝、碧雲寺、頼山陽が煎茶を愉しんだ茶室、上殿町の武家屋敷など、文豪による竹田案内となっている。

最後は菊治に稲村ゆき子との結婚を勧

め、思慕の情を断ち切り、大分の旅で消息を絶つ。

　この文子からの別れの手紙は、川端の初恋の人伊藤初代からの「非常のこと」という別離の手紙に似ている。文子は最後は菊治に稲村ゆき子との結婚を勧め手紙を終わらせている。

　これを書くにあたり、川端は昭和二十六年十月に久住高原一帯を旅し、綿密に取材している。飯田高原に文学碑（九重町田野）がある。表には漢詩文で「雪月花の時　最も友を思ふ」とあり、裏面には「波千鳥」の一節が彫られている。

内田百閒
「第二阿房列車」①

大分市、別府市　一九五三年

　随筆家の内田百閒先生（夏目漱石門下）は、一九五三年（昭和二十八年）六月二十五日、熊本駅を午後二時一〇分発の豊肥線七二二列車で大分に向かった。雨の薄暮、七時一六分に大分駅に着く。駅長室で一服する。

　駅長曰く、「猿を見に来られたのですか」「猿を見に来たわけではない」と先生らしくニべもない。

別名「百鬼園」と云う。実にひねくれていて、皮肉屋で素直でないのが持ち味である。

「第二阿房列車」の「雷九州阿房列車後章」に、

「私共より少し前に山本有三さんが見に行った時は、猿に大変人望があったと見えて、総数二百匹以上も集まって出迎えたそうである」と記している。

文化勲章も受賞した作家の山本（代表作「波」「路傍の石」ほか）はこの皮肉を苦々しく読んだことであろう。百閒先生は山本的教養主義文学を嫌っていた節がある。

同じく駅長室で新聞記者が云う。

「猿の出る時間があるのです。朝がいいです」

「朝と云うのは何時頃」

「九時頃に沢山出る様です」

ここで先生いわく、「九時では、僕の方が出ていないから、駄目だ」

続けて記者が云う。

「折角いらしたのですから、成る可く行って御覧なさい」

「そうしましょう。しかし行かなくても、猿と約束はないし、彼等も僕を待ってはいない」

とシニカルな名言を吐く。天邪鬼な先生で、そこが江湖に受けた。

別府の宿（観海寺杉乃井ホテル）に着き、大山康晴と升田幸三が前月（一九五三年、五月十一日）、名人戦で対局した真上の部屋に旅装を解いた。先生はすぐに階下の名人戦の部屋を見に行ったが、ついに猿に会いに行ったとは書かれていない。

内田百閒「第二阿房列車」②

中津市、大分市、別府市　一九五三年

百閒先生はいつもヒマラヤ山系（平山三郎、日本国有鉄道誌「国鉄」編集者）君を連れて、日本中を列車で旅した。非常な汽車好きで、乗車前にホームに上がると、機関車から最後尾の車両にまで今日はお世話になると、ごあいさつをしたと聞く。

汽車に乗って、車窓を見ずに、本や新聞を読む者はばかだとも云っている。車窓を流れる日本の風景が大好きだった。

夏目漱石の弟子で、若い頃から木曜会（漱石宅で木曜日に開かれた）の末席を汚していた。小説もさることながら、エッセイは皮肉が効いていて実に面白い。ひねくれた諧謔の超インテリのオジサンである。

「第二阿房列車」の中の「雷九州阿房列車　後章」に一九五三年（昭和二十八年）六月下旬梅雨真っ只中の九州の旅を記している。

八代で泊り、熊本から豊肥線に乗り、大分へ出る。豊肥線とは、乗客が車内でおならをする「放屁腺」かとつまらぬ冗談を書いている。大分から稲妻の中を別府へ行き、二泊し、二十七日一二時三〇分の準急で別府駅から猛烈な雨嵐雷の中を小倉へ向かう。

「別府から日豊本線の終着駅門司港へ到

る間の真中辺りに、中津駅がある。中津から分岐する会社線大分交通の耶馬渓線に、川の中で曲がった鉄橋が架かっていると云う事を少し前に教わった。

次に、「曲がった鉄橋目録」と題し、日本に四つあるうちの二番目に、「二、耶馬渓線、大正初年開通、鉄橋ノ名前ハ知ラナイ」と記している。天気が良ければ中津で下りて、曲がった鉄橋を体験したかったことだろう。

この耶馬渓線も一九七五年に全線が廃止された。線路は今、サイクリングロードとなっている。

宝田明
映画「かくて自由の鐘は鳴る」

中津市　一九五四年

福沢諭吉は多く映画になり、テレビドラマになり、中津を代表する誉の偉人である。翻って、西南の役でさつま城山の露と消えた増田宋太郎は映画にもテレビにもほとんど出ない。されども、中津人の判官びいきからすれば、どこか宋太郎さんに惻隠の情がある。負けを承知で西郷軍に加担していったところが、男の美学であり、滅びの美学であり、彼に惚れるところである。

筆者が幼稚園の時、「かくて自由の鐘は鳴る」（熊谷久虎監督、一九五四年）の中で、宝田明が増田宋太郎を演じた。又従兄の福沢諭吉の命を狙う役である。

戦前、中津では増田の評価が福沢より上であった。戦後、増田は忘れ去られ、福沢は一万円札にまで出世した。

この映画は小学一年生の時、豊田小学校の講堂で観た記憶がある。宝田以外に増田を演じてくれた役者をほかに知らない。

「雨のふる日と日の暮れがたは生れ故郷が思はれる」

増田をはじめ中津隊の若者たちが歌った詩である。故郷とはもちろん中津の事である。どんな節であったのだろうか、筆者はこれを田原坂の節で唄う。ジーンとして哀しくなる。会津滝沢村の白虎隊のように中津隊はもっと評価されてよい。

火野葦平の小説「中津隊」（一九四四年から七〇回、西日本新聞夕刊連載）における増田宋太郎は未完に終わってしまったが、松下竜一が「疾風の人—ある草莽伝」（一九七九年、朝日新聞社）として完成してくれた。よほど西郷隆盛という男に私淑しほれこんだのだろう。中津で「田舎新聞」を発行し、その主筆もしたジャーナリストでもある。時代錯誤と云われるかもしれないが、中津はもっと「宋太郎さん」を誇っていい。

阿川弘之「雲の墓標」①

宇佐市　一九五五年

「雲の墓標」（一九五五年、新潮連載）は阿川弘之の代表作の一つである。日記体文学の嚆矢である。夏目漱石の手紙体である「こゝろ」にも匹敵すると思う。

阿川は東京帝大文学部学生から海軍に入る。つまり「予備学生」である。予備はある意味補欠であるから、江田島海軍兵学校組には相当に虐められたことであろう。戦後、多くの海軍物を書く。昔、月刊文藝春秋の巻頭エッセイ「葭の髄から」は都度感服して読んだ記憶がある。

この小説の中に「宇佐空」と略して、「宇佐海軍航空隊」が出て来る。

「九月すえに俺たちは此所へ移動してきた。別府から汽車で一時間半ばかり、宇佐八幡宮にちかい野中の航空隊だ。駅館川《やっかんがわ》という妙な名の川が、そばをながれている。いわゆる軍規風紀はきわめて厳正、日豊本線の柳ヶ浦という駅にはじめて降り立ったとき、樫の棍棒を持った士官が三人出迎えに来ていて、『これからお前たちを徹底的に締めあげるから、其の覚悟をしていろ』という挨拶をした」

「昭和二十年一月一日　快晴。総員起し四時。一種軍装にて〇四三〇出発、宇佐神宮に参拝」

「二月一日　午前、飛行作業。いくらか空中観念をとりもどして来た。風はほとんどなし。ほそい銀色の駅館川、周防灘、国東半島、南は別府湾、すべて薄がすんで、春の立つ気配である」

「三月一日　藤倉死す」

「三月三日（中略）夕方五時から、駅館川の川原の松林のなかで、きのう半日かかって焼いた藤倉の遺骸の骨をひろう。火の色赤く、つよすぎたらしく、骨はくだけてみな小さかった」

　駅館川の川原は練習中に墜ちた予備学生たちの焼き場でもあったのだ。川原を歩く時は、心して歩かなくてはならない。

阿川弘之
「雲の墓標」②
中津市、宇佐市　一九五五年

　中津に八面山という山がある。別名、箭《や》山《やま》とも云う。中津人の心の山である。中津の子ならば小学校時代に登山する。標高は六五九mの登りやすい山である。四方八方、どこから望んでも同じ山容をしており、よって八面山と云う。

　阿川弘之の小説「雲の墓標」の中に中津が登場してくる。

「五月七日　あさB29約四十機の襲撃

を受け、エプロン（飛行機停留地域）がひどくやられた。警戒充分で、死傷者はすくなかったが、時限爆弾が危険で外へ出られない」

米軍は落とした後、しばらくして爆発する強力時間差爆弾を使用していたようだ。地面に突き刺さっており、まるで地雷のように爆発する。Ｂ29が去ったからといって、安心して直ぐには防空壕からは出られないのである。

「陸軍の『屠龍《とりゅう》』が邀撃して戦果があった。一機は体あたりをして、Ｂ29一機とともに八面山に墜ちた。敵兵の落下傘で降りた者があるので、捕虜収容のために、二階堂少尉と一緒に出かけて行く。警防団の応援で山狩りなどもあって、夕方ちかく、手を挙げ暢気な顔をしてあらわれた二名を、つかまえて帰ってきた」

「中津を通って来るときには、物めずらしさにあつまって来る人々に、愛嬌たっぷり手を振ってみせたり、無邪気というか小憎らしいというか、こちらとはあまりに神経がちがい過ぎるのでおどろくほかない」

主人公吉野次郎の日記という形をとった作品である。宇佐空は使えなくなり、吉野たちは百里原航空隊（茨城県東茨城郡）に移動した。

八面山には今、恒久平和を祈り、その時体あたりした村田陸曹長と、米軍パイロットたちの慰霊碑がある。

火野葦平「別府夜話」

別府市　一九五五年

火野葦平は兵隊物や、「糞尿譚」「花と龍」など、男を主人公にした小説が多いが、彼にしては珍しく、「別府夜話」は「露地の女王」（一九五五年、コバルト新書）の中の一つで、女を描いた短篇である。

作者（火野）が定宿にしている別府「風鈴荘」の三助政やんからの聞き書きという体を取っている。

「別府によく来る私はこの『風鈴荘』を定宿みたいにしているので、三助君ともいつか顔見知りになった。」

昔、政やんが「しののめ館」という宿屋の番頭をしているとき、別府桟橋で客引きをしていると、船から下りてきた一人旅の若い女に声を掛けられた。

「今夜一晩、別府に泊ろ思て来ましたんだす」

政やんは夜、女からのご指名で部屋に呼ばれ酒の相手をさせられる。女は「死に前に一度だけ、あんたに抱かれたいのだす」と口説く。

「女はトキといい、今の家庭の地獄にたえかね別府に来たのだ。トキはお母さんの情夫から言いよられていた。」

「トキ、お前はおっ母さんの大切な人を寝取るつもりか」

と責められ、哀しい身の上を云う。

「政やんは観海寺の山のうえにある静かな旅館でトキと数日間をすごした。」

女は別府ではなく、瀬戸内海に飛び込んで死ぬと言い残し、大阪行きの「あけぼの丸」に乗って行った。

「私は政やんに『そして、その女はどうなったのです』ときく、ところが、その女は死ななかった。船でまたボーイを政やんの時と同じように口説いた。」

とある。

実は最後にもう一つオチがあるのですが、どうぞ短いお話ですから、ぜひお読みなさってください。

高度経済成長期編

双葉山「相撲求道録」

宇佐市、中津市　一九五七年

筆者の母の実家は、当時、宇佐郡天津村下庄（現・宇佐市）である。

幼い頃、春休み、夏休み、冬休みと中津から、祖母の天津村へ戻っていた。村の海側の布津部という集落に、六九連勝の大横綱双葉山の生家があった。夏は伊呂波川で泳ぎ、神社の境内で三角ベースの野球に興じ、盆踊りは団扇をたたいて「マッカセ」を踊った。

双葉山こと、穐吉定次は一九一二年（明治四十五年）二月九日に生まれている。

父親は中津市船場町の生まれで、穐吉家の養子となっている。定次は家の稼業（廻船業）の破産で家を助けるべく、一五歳の時に立浪部屋に入門した。

双葉山の著した「相撲求道録」（一九五七年、黎明書房）の中の、「帰省」の項にこんな文章がある。

「力士になってから四年目の昭和五年に、地方巡業のついでをもって、はじめて故郷の土を踏みました。当時はわたしの幕下時代で、年は一九歳の時分です。（略）伯母が中津で塩湯をやっていましたが、その二階で、かっての同級生たちが心のこもった歓迎会をやってくれました。（略）家のほうへもはじめて帰って、墓参りなどしました。」

一九三六年（昭和十一年）一月場所、七日目瓊ノ浦に勝ってより、六九連勝が始まる。五月場所に横綱玉錦に勝って全勝優勝。この時、祝いの席で、宮本武蔵執筆中の吉川英治が色紙に一句揮毫した。

「江戸中で一人さみしき勝角力」

一九三九年（昭和十四年）一月場所、四日目新鋭安芸ノ海に敗れて、「ワレイマダ、モツケイタリエズ」と師に電文を打っているが、負けてこそ、真の「木鶏」となった大横綱である。

六九連勝はいまだ誰にも破られてはいない。

藤原義江「私の履歴書」①

杵築市　一九五七年

大分県人の歌はやはり「荒城の月」、この歌を初めて耳にしたのは藤原義江の声だった。「からたちの花」「この道」「鉾をおさめて」「出船の港」、すべて藤原の力強いテノールで記憶に残っている。

生まれは一八九八年（明治三十一年）、ご本人は八月二十一日と云っているが、戸籍上は十二月五日となっている。母は琵琶弾き芸者で、藤原は下関の英国人との間にできた子である。母と二人、下関から北九州の若松、博多、別府、そして杵築に流れている。

日本経済新聞の「私の履歴書」（一九五七年六月）の中にこう書いている。

「とにかく、芸者の身で子どもがあったのではぐあいが悪いので、小学校へ入る前、杵築の町はずれのお寺にやられた。孝順という名だった。この小坊主の名は村中にひびいていた。なにしろ、ころもを着て一番の腕白小僧だったんだから……」

七歳で、杵築の西林寺（現・国東市）に預けられている。小坊主の墨染めの衣とけさは晩年まで大事にしていたようだ。

「この寺に二年もいたろうか。いよいよ小学校に入るというので、寺から水野という自転車屋の養子にもらわれて行った」

水野のご主人は義侠心にあつい男で、杵築の大料亭で見世物のようになってい る幼い義江を引き取った。一九〇五年(明治三十八年)の春に、杵築尋常小学校に入学。三年生まで進級したが、義江は水野のおかみさんと折り合いが悪く、大阪の祖父の元に送られる。

子供時代はずいぶん「アイノコ」とはやしたてられ、いじめられたようだ。ワンパクになったのは身を守る術だった。

藤原義江「私の履歴書」②

杵築市　一九五七年

自転車屋の水野家では正式に藤原義江を養子として入籍していたが、おかみさんに疎まれ、夫婦仲も溝ができ、義江は水野を出される事になった。

「私の履歴書」や本人自伝「藤原義江流転七十五年　オペラと恋の半生」(主婦の友社)によると、

「大阪から迎えに来たのは母の弟だった。紀元節や天長節の時に着るよそいきの着物で、袴を着け、新しい下駄をはき、風呂敷包みを一つ背負って、僕は三年半世話になった養父母の家を出た。この水野という名は、僕が後で東京の学校に行っていた頃も名乗っている。子どもの頃はあちこちと人手にわたされ、どうやって育ったかと思うほどだが、この水野松次郎さんこそ僕の最初の恩人といっていい」

杵築から三里も離れた守江の港から大阪行きの船に乗っている。杵築で芸者をしている母が見送りにきていないことも書かれている。すぐに母も大阪へ出て、北新地のお菊として売り出していく。母と同居するが、母は学校にやってくれず、独りぼっちで日永寂しく過ごしていた、とある。

世に出てからはほんに流転の日々だが、沢田正二郎に憧れて新国劇に入り、歌がうまいことから、田谷力三に憧れてオペラの道に進む。

あの肉体と和製ルドルフ・バレンチノと云われたお顔立ちである、人気が出ないわけがない。あとは彼のヒット曲「出船の港」ではないが、♪ドンとドンとドンと波のり越えて大出世し、杵築のわんぱく時代そのままに、オペラとあまたの女性との恋の人生を渡って行った。

とくに中上川アキ（父親・中上川彦次郎は中津市出身）とのラブロマンスはつとに有名である。

佐野周二
映画「ただいま零匹」

大分市　一九五七年

「ただいま零匹」は火野葦平が大分市の上田保市長をモデルに描いた小説である。朝日新聞に連載され、一九五六年（昭和三十一年）に新潮社から発刊された。

上田市長はアイデアマンで、大分市浮揚策として、田畑を荒らす猿たちを一ヵ所に集めて、「野生猿の動物園」を造ろうとする。高崎山に登り、万寿院別院の境内で声を上げ、ホラ貝を吹き、サツマ芋で餌付けしていく。粒粒辛苦の末に餌付けに成功し、一九五三年（昭和二十八年）三月に開園した。

上田の「郊外の高崎山に、ニホンザルを野放しにした自然公園をつくったら、市民税も軽くなるだろう」の思いが小説にも書かれている。

一九五七年（昭和三十二年）九月、これが映画化された。監督は藤原杉雄、長く名監督山本薩夫の助監督を務めた人で、この時、山本は監修に付いている。上田市長役を演じたのは佐野周二、役名は園部久一郎となっている。筆者が九歳の時の映画で、同じ大分県人として家族で観にいった。おおむね大分市、高崎山周辺でロケされている。

敵役の市議に上田吉二郎、佐野の弟子

である佐田啓二がワンシーン客演している。映画は話を面白くするために、現実の上田市長からはずい分脚色されている。この作品を観てからは家族でしょっちゅう日豊線で別府へ行き、高崎山で猿を見て、温泉につかって中津へと戻った。

入山口にただいま何匹と書かれており、猿の少ない日もあったように記憶している。一時は三群までいて、足せば千匹以上いるとのことだった。

すべての始まりはこの上田保市長のほら貝の頑張りから始まった。上田は四期一六年間大分市長を張り、奇抜なアイデアで大分市の復興につとめた。今の「マリーンパレス水族館」も上田の手によるものだ。

高峰秀子
映画「張込み」

玖珠郡九重町　一九五八年

松本清張原作の短篇小説「張込み」、野村芳太郎監督はこのサスペンスを人間ドラマにまで高めた。

東京で強盗殺人を起こして逃げている石川に田村高廣、その昔の恋人で今は子持ちの男の後添えになっている横川さだ子に高峰秀子、石川を追う刑事に大木実と宮口精二というキャスティングである。

前中半部ロケは主に佐賀市内、後半、

犯人を追い詰めるヤマ場は大分県が主に使われている。

さだ子は恋人石川が東京に行ってから、食べていくために佐賀の中年男に嫁いでいる。亭主は銀行マンだが、非常に吝嗇で毎朝一〇〇円をもらい、それで一日の賄いをすべてこなせと命令されている。なんの表情も笑顔もなく、さだ子は死んだように日々を生きている。

二人の刑事はお向かいの旅館の二階からさだ子の行動を見張っている。張込み五日目、二人はさだ子にまかれる。聞き込みの末、バスで東多久に向かったと聞き、大木一人タクシーでバスを追う。

九重町の豊後中村から飯田高原に向かう県道四〇号、九酔渓と十三曲を俯瞰で撮影している。筌ノ口温泉入り口の橋を宝泉寺温泉の入口のように代用し、二人が泊まろうとしている旅館は「宝泉荘」（今はもう無い）と看板が出ている。二人のラブシーンが犬滝のそばである。さだ子は今まで見せたことがないイキイキとした表情をしている。

「私、もう横川の家には帰らない。今度はあんたと行く」と、石川に言いすがる。

旅館で石川は大風呂から戻り、廊下で二人の刑事に確保される。大木は部屋で待つさだ子に、「奥さん、すぐに帰りなさい。今なら間に合います。ご主人が帰って来るまでに」と云って、バス代のお金を欄干の上に置く。冷たいようだが、この刑事は愛情をもって、あの辛く判で捺《お》したような日々に戻れといっている。この辺りの表現が、野村監督の腕前である。

川島雄三監督
映画「貸間あり」

別府市　一九五八年

川島雄三監督と云えば、代表作はやはり「幕末太陽傳」（一九五七年）であろう。落語「居残り佐平次」を元ネタにした痛快時代劇コメディで、フランキー堺の快演が見ものである。

この作品の翌年に作られたのが「貸間あり」（一九五八年）、川島自ら自作の「幕末太陽傳」をパロディ化している。

主演は再びフランキー堺、原作は井伏鱒二である。大阪の郊外の旧家を下宿屋としている。部屋数が多いので、まあいろいろな輩が暮らしている。脇がすごい、淡島千景、乙羽信子、清川虹子、浪花千栄子、桂小金治、小沢昭一、渡辺篤、山茶花究、益田キートン、加藤武ほか、よくもこれほど芸達者な俳優陣のキャスティングができたものと感心する。

フランキーは替え玉受験で福岡にやってくる。そこで幼馴染の試験官（加藤武）と出会い、替え玉を断り、二人で別府に旅をする。まず上人ヶ浜の砂風呂が映る、遠景に高崎山がある。次に観海寺の杉乃井ホテルが映る。フランキーと加藤が大浴場に入っている。フランキーが加藤の背中を流している。まるで三助で、太陽傳の佐平次を思わせる。ホテルの廊下を走るシーンは、太陽傳での裾引き羽織腕通しの逆をやる。

とにかくドタバタ、スラプスティックの極致、川島らしいテンポのいいスピード感あふれる編集となっている。テーマは「サヨナラダケガ人生ダ」である。この言葉は漢詩「勧酒」を井伏鱒二が見事に訳した言葉である。川島監督の座右の銘でもあった。この映画に別府が映っていることは、あまり知られていない。

重喜劇の名手川島雄三、他に「洲崎パラダイス赤信号」という名作もある。四五歳で亡くなった。あまりにも早かった。

朝倉文夫「私の履歴書」

豊後大野市　一九五八年

彫刻家朝倉文夫は一八八三年（明治十六年）三月一日、大野郡上井田村の生まれ。「私の履歴書」（一九五八年十二月、日本経済新聞）にこう書いている。

「私の家は兄妹が非常に多かったので、あとが生まれるときになると小さいのは母の手をはなれておばあさんのところに行き、その次はおじいさんのところに行ったものだ」

「私の履歴書」によると祖父は碁石をガラガラとやって五歳の文夫と遊んでくれたが、そのうちに文夫は碁の打ち方を覚えてしまった。八歳の頃には祖父より強くなり、井目を置かせて打つようになったという。

大分尋常中学校竹田分校（現・竹田高校）を三度も落第した割には、碁は神童だった。父親から俳句の手ほどきも受け、発句にも才を見せた。偉くなろう偉くなろうと思っても、なりそこなう人はたくさんいる。おまえは偉くならんでもいいが、立派な人になってくれと、おばあさんから常に良い薫陶を受けたことも述懐している。

一九〇二年（明治三十五年）に上京し、翌年九月に上野の東京美術学校彫刻専科に入学。一九一〇年に最高傑作「墓守」を発表。

やはり「私の履歴書」に、「『墓守』を作ったとき、私は純客観の立場にいた。するとそこに墓守のおじいさんが現れるように出来て実に制作が気持よくはかどった。純客観は正岡子規が論じていたが、私もこれでなくてはいけないということに気づいた」とある。

朝倉は、俳句の極意を彫刻に用いていた。

筆者は朝倉の孫と大学が同級生だった。同じ部活にいて仲がよかったのだが、車の事故で夭折した。

稲尾和久
映画「鉄腕投手・稲尾物語」

別府市　一九五八年

筆者が小学校時代、敗戦国日本の少年たちを鼓舞するためにスポーツ偉人伝映画が流行した。

まず七歳の時、「力道山物語　怒涛の男」（森永健次郎監督、一九五五年）。八歳の時、「若ノ花物語　土俵の鬼」（同、一九五六年）。ついに一〇歳の時に、「鉄腕投手・稲尾物語」がゴジラを作った本多猪四郎監督の手で作られた。

一九五八年（昭和三十三年）の日本シリーズ、西鉄と巨人との死闘は、西鉄三連敗のあと四連勝という奇跡を成し遂げた。その時、「神様、仏様、稲尾様」というキャッチフレーズが生まれたのである。稲尾和久は県民の大ヒーローとなり、我々大分健男児はこぞりてこの映画を観にいった。

稲尾は一九三七年（昭和十二年）に別府北浜の漁師の七人兄弟の末っ子として生まれている。一一歳の時、すでに別府湾を伝馬船で漕ぎまくっている。映画では、櫓を漕ぐことで稲尾の足腰肩が出来上がったという設定である。父親に志村喬、母親に浪花千栄子の両名優を配している。

少年時代、別府緑丘高時代のシーンは主に別府ロケを行っており、別府湾、楠港、浜脇にあった聴潮閣、元町の波止場神社ほかが写っている。西鉄ライオンズに入団後の本人役は稲尾自らが演じている。

憧れの女子高生に白川由美さん、脇に星由里子さんの顔も見える。福岡の平和台シーンも今は貴重なもので、三原修監督、中西太、豊田泰光ほか野武士軍団が多く登場する。

あだ名は「サイちゃん」と呼ばれた。サイのような温厚な目をしていたからだ。

ＲＫＢ毎日放送のコメンテーターをしていた。検査入院といっていたのに、急逝された。亡くなって一五年がたった。稲尾さんのあとのコメンテーターに私がなった。ご縁を感じる。今でも、別府市民球場へ行けば、稲尾和久記念館で神様に会える。

森繁久彌
映画「社長シリーズ」

別府市　一九五九年

筆者が幼い頃、家族で森繁久彌の「社長シリーズ」を観にいっていた。

一九五九年（昭和三十四年）の「続社長太平記」（青柳信雄監督）では、森繁は女性下着メーカーの社長で福岡市に九州支社を開く。博多を中心に描いているが、最後は別府海地獄の売店で撮影している。森繁、淡路恵子、加東大介、越路吹雪、小林桂樹、団令子らがロケに参加している。

一九六三年（昭和三十八年）、「続社長漫遊記」（杉江敏男監督）では、森繁はペイント塗料会社の社長、今は無い福岡県服町の帝国ホテル（一九六九年閉館）も映っている。映画の冒頭、森繁社長夫妻は別府に旅行している。奥様役は久慈あさみ、海地獄で温泉卵を買う。夫婦は当時オシャレな「日名子ホテル」（一九八五年閉館）に宿をとる。窓から高崎山が見える。この映画は、別府、博多、佐世保、長崎、雲仙と北部九州でロケを行っていた。

一九六七年（昭和四十二年）、「社長千一夜」（松林宗恵監督）では、森繁は観光デベロッパー会社の社長である。天草五橋の完成を記念して、中九州に観光拠点を造ろうというストーリー。旧・大分空港に降り立つ森繁社長一行、まず高崎山へ行く。「只今七〇〇〇匹」の入山口の看板が映る。エサ売り場の前の園庭でフランキー堺や森繁が演技しており、周りにすごい数の観光客が写っている。

宿は杉乃井ホテル新館で、車寄せからロビー、お庭、広いジャングル風呂まで撮影されている。夜の宴会では別府の芸者衆が新民謡「別府湯けむり」を唄っている。大分方言を駆使した「♪見ちょるやっちょる　何しちょる」である。

翌日はやまなみハイウエーがふんだんに撮影され、由布岳や亀の井別荘、山下湖、くじゅう連山も映っている。

大分県のすごい宣伝になっていた。

松本清張「山峡の章」

中津市　一九六〇年

松本清張には官僚物サスペンスが多くある。

この「山峡の章」も後ろに大きな組織が動き、犯罪を隠蔽するために、経済官僚をえせ情死事件として殺害する。情死の相手はこの若手官僚の新妻の妹である。もちろん、仕組まれた替え玉情死である。

松本はベストセラー作「点と線」でも似た手法を執っている。この長編推理を引っ張って行くのは新婚の妻、彼女が夫と妹との真相に迫って行く。この小説の当初のタイトルは「氷の燈火」、一九六〇年（昭和三十五年）六月から翌六一年十二月まで主婦の友に連載された。後に「山峡の章」と改題された。

主人公朝川昌子は、中九州に一人旅に出た。阿蘇を観光し、別府で一泊し、耶馬溪に回った。

「初夏の耶馬溪は、新緑の盛りだった。青の洞門や羅漢寺を見て、深耶馬溪の方に入った。ここから久大線の森町に出て、福岡に帰る予定だった。（中略）深耶馬溪では、全山が冴えた萌黄色であった。（中略）宿屋が二軒しかなかった。どちらも草屋根だった。一軒はその名前が宣伝されていたが、一軒はまるきり知られていない宿だった。昌子は、そのあとのほうの宿を選んだ」

ここで、昌子はこの宿に投宿している、若手官僚の堀沢と、堀沢の友人吉木と出会う。この耶馬渓から物語は始まるのである。昌子は東京に戻り、堀沢と半年の交際で結婚する。夫の失踪死後、吉木が昌子を助けていく。夫は昌子の妹怜子と道行きをし、二人の遺体は作並温泉（宮城県）近くで発見された。

いろいろ語りません。ぜひお読みいただければと思います。

深田久弥「日本百名山」①

玖珠郡九重町、竹田市　一九六四年

山岳紀行文の第一人者深田久弥が一九六四年（昭和三十九年）に「日本百名山」（新潮社）を著した。

今も、彼の選んだ百名山を生涯の記念にと、踏破するアルピニストたちは多い。本著はアマチュア登山家たちのバイブルである。

この中に、大分県では「九重山」が選ばれている。

文中にこうある。

「正しい名は九重か久住か。（中略）九重も久住もそれぞれ自己を主張するに足る古い文献を持っている」

筆者もすがもり小屋ができた中学一年の時から、毎年登っている。

当時は中津駅から別府まで国鉄日豊線を下り、別府駅から大分交通のバスで長者原まで行き、入念な準備運動をしてから登っていた。下りは坊ガツルにテントを張り、一泊した。負担のない登りやすい気立ての良い山だった。

深田はこうも書く。

「現在では山群の総称を九重、その最高峰を久住と呼んで、もう誰も異議を挟むものはない。最高峰といっても断然抜きんでているわけではなく、山群中の大船山もそれとほぼ同じ高さを持っている。それにつづいて、稲星山、星生山、天狗ヶ城、中岳、三俣山、白口岳など、主峰と五十米とは違わないのだから、これはまさしく久住独裁国ではなく、九重共和国である」

両方の顔を立てた面白い比喩である。

深田は牧の戸（旧・中野温泉）、法華院、筋湯と泊り、九重温泉郷をも愉しんでいる。

二度目は久住高原の野焼きの時に来ている。

「青い空に煙があがり、その煙の合間に、まだ頂上に雪の有る九重の山々が潔く立っていた」と、感慨を記している。

深田久弥「日本百名山」②

豊後大野市、佐伯市　一九六四年

久住の頂上に立つと、西方向に阿蘇の釈迦の大涅槃が見え、南方向に祖母、傾山が望める。

深田は「日本百名山」（新潮社）の中で、祖母山（豊後大野市）のことをこう記している。

「日本アルプスの父ウェストン（一八六一～一九四〇年、英国人宣教師、登山家）が来日してまず登ったのは、富士山についで、当時九州第一とされた祖母山であった」

深田は火を噴く阿蘇、高原の美の九重に比べると、祖母にはあまり観光的効果が欠けているとも言及している。

「祖母山は一瞥直ちに人を惹きつけるという際立った山容ではない。ケレンもなく、奇抜さもない。しかしその滋味はみつめるに従ってじっくりと来る」

私の友人たちは祖母傾縦走を新婚旅行とした者が多い。半世紀前は山好きの若人の間でのブームだった。

深田は早春の三月に訪れている。

「祖母登山に三月中旬を選んだのは、まだ登山者のいない静かな早春の山が私は大好きだからで、九州の山に詳しい大分の加藤数功さんに同行を願った。」

「竹田からバスで山麓の神原まで走り、そこの素朴な宿で一夜を明かして翌朝登山の途についた。五合の小屋で谷川を離れ、それから急坂を辿って国境稜線上の国観峠に出ると、行手に大きくわだかまるように祖母山が控えていた。まだ木々は芽吹かず、頂上までずっと雪の上を踏んで行った」

頂上で阿蘇、九重の大観峰を楽しみ、目を日向側に転じて、南側の風景を楽しんでいる。翌日は傾山に登っている。

「傾山はやや傾き加減の突兀《とっこつ》とした姿で、私の眼を熱くした」と褒めている。

久々に、登ってみようかと思う。

埴谷雄高
「日田—重労の響き」①

日田市　一九六四年

埴谷雄高（一九〇九〜九七年、台湾生まれ、南相馬市出身）は哲学的観念小説の巨匠である。代表作に「死霊」「闇のなかの黒い馬」がある。ドストエフスキーの影響が強い。

エッセイや評論を集めた「甕と蜉蝣」（一九六四年、未来社）の中に、日田を紀行したときの一文がある。「日田—重労の響き」と題している。

東京から小倉に着き、小倉から日田彦山線準急「あさぎり」号で日田に向かう。

「日田。それは山にかこまれた盆地にある人口七万の静かな川の町である。（中略）日田の、ヒタ、は、乾（ひ）た、から転じたといわれている」と記している。

温泉地だが、温泉地特有の光景はなく、三隈川の秋の水面、小波も立っていない静かな川面、対岸の山と雲と橋の影をめでている。

「準急『あさぎり』号の名称に示されるように、日田は朝霧の名所である。私が訪れた十月、十一月の秋と初冬にはことに深いとのことで、私は無理をして早起きし、川に沿って歩いてみたが、残念ながら、その朝の霧は薄かった」

どうも「日田の底霧」には遭遇しなかったようである。ついでに「日田美人」という言葉もあるが、底霧と同様に遭遇しなかった由も記している。プロムナード風の川沿いの道を散策し、古風な家の並びを遠望している。

「土蔵づくりの家がある。土蔵がそのまま商店の入口になっている光景は、外来者には異様に見えるが、ここでは土蔵づくりが誇りとなっているのかもしれない」

この辺りで埴谷たちは何枚も写真を撮っている。天領で裕福な町であったが、反面、貧富の差も激しく、捨て子の多い町だったことも記している。

埴谷雄高
「日田―重労の響き」②

日田市　一九六四年

日田は山林地帯である。とくに杉林は吉野杉、秋田杉、木曽杉と並ぶ全国有数の直立美林地帯である。

埴谷雄高はエッセイ「日田―重労の響き」にこう記している。

「ここで最も優れた杉が、三春原杉と呼ばれている」

「このあたりの地名は、字を見ただけでは決して分からないのが特徴である。（中略）三春原、と書いて、ウラセバル、と読ませるのは、一度や二度聞いただけではとうてい記憶できない」

「三春原杉が良材として有名なのは、根曲がりしないで、直立している点にある」

日田市の管財統計課長から三春原へ向かう車中で説明を受けたようだ。車は課長が出してくれた四輪駆動車で、狭い山道を登っていった。地名の「原」とは裏腹の斜面に、杉が整然と屹立する美しさに感じ入ったようだ。

「朝の陽光を斜めにうけているさまは壮観であった」と、書き記している。

日田のお金持ちはケタ外れで、一〇〇町歩（約一〇〇ヘクタール）以上の山林を有する人が二一人もいることを聞いて、埴谷は驚いている。

「山林の労働は重労働であるばかりでなく、特殊な技術をともなっているので、若い後継者の不足に悩んでいるそうである」と記す。

「小京都日田」、「水郷日田」、「天領日田」と、いろいろなキャッチフレーズを持つ町。日田の産業の筆頭が製材業であるから、「美林三春原日田」もキャッチフレーズの一つに加えても良いかもしれない。

筆者の父は、中国から引き揚げてきたのち、中津駅近くで下駄屋を営んでいた。日田へは耶馬渓線でよく日田の杉下駄を仕入れに行っていた。

塩谷雄高
「日田—重労の響き」③
日田市　一九六四年

三春原を「ウラセバル」とはとても読めないが、民芸陶器の里、小鹿田も「オンタ」とは他郷の者は読めない。

民芸運動を起こした美学者の柳宗悦（むねよし、一八八九〜一九六一年）にその素朴な美しさを見出され、英国人陶芸家バーナード・リーチ（一八八七〜一九七九年）や、山下清画伯（一九二二〜一九七一年）もリュックを背負って訪れている。

埴谷はカメラマンに旅館の仲居さんも連れて、小鹿田にも取材する。埴谷のエッセイ「日田―重労の響き」にこうある。

「そこは小さな渓流の合している山奥の別天地であった。朝鮮焼の系統である窯に従事している家は九軒であるが、(中略)その素朴さは、このごろ、訪れる客が激増するようになっても失われてはいなかった」

また「唐臼」の描写がある。

「注ぎこまれる渓流の水がそのオケを満たすにつれてオケは次第に下がり、そしてついに下がりきって急激に水を放出すると、オケは跳ね上がって、他端のキネが重々しく陶土の塊りをつくのである」

唐臼の杵は、松の丸太を加工して作られる。木材と木材が鈍くきしる音とその動きを目の前にして、埴谷は作陶の労働の苦痛に思いをはせている。

水桶で上下する唐臼の単調な音響に、埴谷はいろいろな感慨を持ったようだ。この日は夕暮れまで皿山にいて、無言のうちに町中に戻ったことを記している。

「日田とその周辺の秋は私たちにいささか物思わせるところが多かったように思われる」と、結んでいる。

中津人の筆者から見ると、日田はやはり天領だけあって、文化がちがうと思っていた。大分県というより福岡博多に近いものを感じていた。

獅子文六「父の乳」①

中津市　一九六五年

獅子文六の取材がてら久々に中津に帰省した。ＪＲのソニック号が山国川を渡ると、右手に金谷の町が見えた。文六(一八九三〜一九六九年)は横浜生まれとなっているが、ルーツは中津である。本名は岩田豊雄といい、豊前の男であるから「豊」の字が入っている。

彼の著した小説「父の乳」(一九六五〜六六年、主婦の友掲載)にこうある。

「その頃、慶應義塾の元老の小幡篤次郎という人が、まだ、生きていた。この人は、やはり中津藩出身で、福沢諭吉の片腕となって、慶應義塾を興したのだが、度々、塾頭を勤め、福沢没後は、その後継者として、三田の山に住んでいた。父は、この人を、崇拝していたようである。福沢以上に、推服してたと、思われる節もある。人格者という点では、福沢を凌ぐ人だったかもしれない。そればかりでなく、父(茂穂)と母(アサジ)の媒酌人であり、私や弟の名付け親でもあった人で、父は、心から、この人に師事していたようである」

文六の父、岩田茂穂は中津藩士、増田宋太郎(中津藩士、中津隊を率いて西郷軍に助力)と国学の盟友だったが、福沢の

「学問のすゝめ」を読んでより、増田と袖を分かち、慶應義塾に学ぶ。後にニューヨークの商業学校へも留学している。

中津駅前よりタクシーに乗り、金谷本町の水島公園の前で下りる。

お向かいの細い横丁に入り、一〇〇《メートル》ほど歩くと右側に旧岩田邸の土塀が現れる。手を入れたか、昔よりも美しく修繕されている。門の引き戸を開けて敷地の中に入る。建物はなく、ただの空き地となっており、奥の庭だけが往時のよすがを残している。

それにしても金谷の人々は良い人ばかりだ。通りすがりの見知らぬ筆者にまで、深いお辞儀と品の良い会釈をされる。

獅子文六「父の乳」②

中津市　一九六五年

岩田邸の跡地で、獅子文六の「父の乳」を片手に目を閉じ、彼が中津を訪れた頃に思いを馳せる。ここは中津市金谷上ノ丁である。

豊雄こと文六は横浜生まれであるが、父茂穂は中津藩士であり、れっきとした中津人である。彼が幼い頃、横浜の家には父の弟吉蔵が来ていた。文六にとっては叔父である。

郵便はがき

料金受取人払郵便

福岡中央局
承　認

59

差出有効期間
2024年6月
30日まで

(切手不要)

810-8790

156

福岡市中央区大名
二－二－四三
ELK大名ビル三〇一

弦書房

読者サービス係　行

通信欄

年　　月　　日

このはがきを、小社への通信あるいは小社刊行物の注文にご利用下さい。より早くより確実に入手できます。

お名前

（　　歳）

ご住所

〒

電話　　ご職業

お求めになった本のタイトル

ご希望のテーマ・企画

●購入申込書

※直接ご注文（直送）の場合、現品到着後、お振込みください。
送料無料（ただし、1,000円未満の場合は送料250円を申し受けます）

書名	冊
書名	冊
書名	冊

※ご注文は下記へＦＡＸ、電話、メールでも承っています。

弦書房
〒810-0041　福岡市中央区大名2-2-43-301
電話 092(726)9885　FAX 092(726)9886
URL http://genshobo.com/　E-mail books@genshobo.com

歯科医師業の身でありながら、あまり勉学に身が入っていなかったのか、父と叔父はよくけんかとなった。

「お前のような奴は、横浜にいたって、見込みがないから、郷里に帰って開業しろ」といった場面が小説に描かれている。この兄弟げんかの時、文六少年はまだ六つ七つ、母のお針箱から指尺（ものさし）を取り出して、父の加勢方、叔父を打ったと書いている。

「私が、中学二年の暑中休暇に、始めて、中津市へ行った時には、叔父は、もう、妻も子も持って、田舎の歯科医として、安穏な生活をしていた。そして、細い眼を一層細くして、私の来訪を喜び、少年の私に、毎晩、酒の対手（あいて）をさせた。（中略）その頃、父はすでに亡かったが、兄の遺児としての私を、昔にもまして、愛してくれた。母方の伯父も、何人かあったが、吉蔵叔父ほど、私を愛してくれた人はいなかった」

「父の乳」の中で、中津と中津の叔父を文六は懐かしんでいる。

文六の父茂穂は、アメリカから帰国後、横浜で外国人相手の絹物商となったが早世し、文六が慶応の幼稚舎から大学まで出られたのは叔父の援助があったからかもしれない。

余談だが、中津には歯科医師が多かった。小幡篤次郎の従弟小幡英之助が、日本最初の歯科医師となり、中津の若者たちが後に続いたためである。

獅子文六「父の乳」③

中津市　一九六五年

筆者が獅子文六の名を知ったのは一三歳の時である。

ＮＨＫ朝の連続テレビ小説の第一回が彼の「娘と私」だった。「私」こと文六が、先妻（フランス人）との間に生した「娘」の成長を案じていくお話である。ナレーションでドラマを展開していく手法で、インテリジェンス溢るる父親の愛情を描いたものである。文六を北沢彪（「やまびこ会」主宰、後のテアロル・エコー）が演じている。

筆者はある時、父から「文六さんは、中津の人だ」と聞き、中津出身の小説家がいるのかと、うれしく誇らしくなったことを覚えている。

文六の代表作は、一代の株相場師佐藤和三郎（合同証券社長）をモデルとして描いた「大番」、加東大介主演で映画化（千葉泰樹監督）されており、四本シリーズで大当たりした。

「娘と私」も映画化（堀川弘通監督）されており、文六に山村聰、娘に星由里子が扮していた。あと「海軍」この作品は本名岩田豊雄で書いている。鹿児島の少年が江田島の海軍兵学校を目指し、真珠湾攻撃に至るまでのお話である。映画（田坂具隆監督）では、新人の山内明が主演した。

獅子文六の名は、文豪（五）の上を行く文六となり、文壇の百獣の王、つまり「獅子」になるのだとの意味がこめられていると聞く。世間は彼の事を「ユーモア作家」と分類しており、ペンネームには彼一流の洒落と皮肉の織り交ざった諧謔を感じる。四四、十六が筆名の素かもしれない。

筆者は晩年の「父の乳」が最も上出来の作品だと思う。早くに亡くなった父親への思慕と、青春のイタセクスアリスも描かれている。この頃は、忘れられた作家となっている。とくに中津の人は読んでいただきたい。

吉行淳之介「別府」①

別府市　一九六五年

かの吉行淳之介が、「週刊朝日」（一九六五年五月七日号）に書いた別府の町のエッセイがある。男女の性を描くことを得意とした作家であるが、エッセイの名手でもある。

タイトルは「別府」とストレート。書き出しは、

「別府へ行く日、東京は薄曇りだったが、九州は雨だった」

とある。朝一〇時過ぎに羽田を発ち、伊丹空港で大分便への乗り換えを待っていると、大分の天候の次第で欠航となった。やむなく福岡便に乗る。板付空港（福岡空港）から博多駅へ行き、小倉回りの日豊線で夕刻六時くらいに別府へ辿り着いたと記されている。

吉行の文体は過不足がなく、ぜい肉がなく、端正で洗練されている。観海寺のホテルに落ち着き、一献傾けながら、別府と云う町をどう切り取ったものかを思案している。仲居さんに名物を尋ね、「城下かれい」を勧められ、翌日の晩飯に注文している。

二日目は雨も上がり、個人タクシーをチャーターして別府を観光する。坂の上から町を見下ろしての感慨を記している。

「『別府には空地が多い』には違いないが、その空地が風景をおっとりさせている。（中略）この空地にしかるべき家が建並んだとしたら、熱海に似てくるだろう。いかにも温泉歓楽街という感じになる。現在の別府の町には、淫蕩の気分は少ない」

こう熱海との違いを記し、穏健な別府の風景を気に入っている。

その日の夕食の「かれい」が、今度の旅行で一番印象に残ったことも確かに記されている。

「淫蕩の気分は少ない」という表現は、別府にとって良い言葉である。

吉行淳之介「別府」②

別府市　一九六五年

別府を訪れた吉行は、かれいの他に印象に残ったものとして、地獄めぐり、とくに「坊主地獄」を挙げている。

「灰白の粘土質の泥沼の表面が、ぼこりぼこりと坊主の頭のように煮え立ちふくらんでいる。（中略）こういう名所は、自然の一部を切り取ってきて、私たちに見せてくれるわけだが、その切り取り方にあまり人工を加え過ぎると面白味が減る。（中略）その点、これら地獄のなかでは『坊主地獄』が一番よい」

もちろん、他の地獄の感想も記している。

地獄めぐりで草臥れたのか、

「夜の別府について語るのは気がすすまない。芸者は百十人ほどいて、（中略）その手続きを経ることが面倒である。はやく寝ることにしよう」とある。

吉行の初期の作品「驟雨（しゅうう）」（第三一回芥川賞）や「原色の街」、いわゆる赤線娼婦物から察するに俄かには信じがたいが、ま、真に受けてみよう。

三日目、東京に戻る日、空港（旧・大分空港）へ行く途中の高崎山に寄っている。

「『只今一〇〇匹』という掲示板が出て

いて、猿は山の裾のところまで出没している」

　吉行はとくに入山口の注意書が気に入ったようで、エッセイに取り上げている。

「1、おサルをからかわないでください。2、ポケットに手を入れないでください。3、おサルの眼を、長く見つめないでください。」

　第三の新人と呼ばれた官能小説の名手は、「城下かれい」と、「地獄」と「高崎山の猿」には触れて、別府の夜のことはおぼろにぼかした。

　吉行ほどの娼婦物作家が、女性よりサルに興味を示している。面白い。

高倉健
映画「網走番外地　悪への挑戦」

別府市　一九六七年

　網走番外地シリーズの九本目、「悪への挑戦」は、一九六七年の作品である。鬼才石井輝男監督の手になるもので、主人公橘真一に高倉健が扮している。

　このシリーズで素晴らしいのは、もちろん第一作と、長崎を舞台にした第三作「望郷篇」、敵の用心棒役杉浦直樹との一騎打ちは演出が凝っており、見ごたえがあった。主題歌もヒットした。筆者も時々、唄う。高校時代を思い出すからだ。

第九作では再び九州ロケを敢行した。主に福岡博多が舞台で、博多ポートタワーや愛宕神社、その前の埋め立て地、東中洲、櫛田神社、中洲東映前、北九州、若松とロケされている。

橘は不良少年たちを更生させようと、鬼寅役の嵐寛寿郎と、春子役の真理明美と一緒に、彼らにまじめに働くことを教えていく。春子が中洲のヤクザたちに拉致されレイプされる。春子は死のうと、愛宕神社から姿を消す。

橘は春子を救おうと、彼女の立ち回り先、まず別府へ行く。道中、田中邦衛がドライバーに扮するトラックに便乗し、別府を目指す。映画では、やまなみハイウェイや山下湖を望む展望台が映る。別府では観海寺温泉のホテルと、高崎山が映されている。春子を阿蘇で見つけ、自殺を思いとどまらせる。

半世紀以上前の作品で、高倉は人気を博し、「健さん」へとのし上がっていった。

博多へ戻り、大立ち回りで中洲のヤクザらをつぶす。高倉の大出世シリーズである。不良少年たちに、当時まだ無名に近い、谷隼人、石橋蓮司、前田吟、小林稔侍らが出演している。皆さん、若々しく、後に素晴らしいバイプレーヤーとして出世していった。

筆者は高校時代、少し不良化しており、よく他校の生徒や電車通学組と決闘をしていた。この映画の影響があったかもしれない。

松下竜一「豆腐屋の四季」①

中津市　一九六九年

筆者が東京での学生時代、一人暮らしの下宿に、中津の母から一冊の本が送られてきた。松下竜一著「豆腐屋の四季　ある青春の記録」（一九六九年、講談社）であった。母の手紙にこうあった。

「北高（中津北高校）出身の、あなたの先輩よ。心根の美しい本だから、読みなさい。」

昭和四十四年五月、筆者は大学の三年、薫風の初夏だった。当時、三鷹市井の頭の下宿に居り、学校へもあまり通わずくすぶっていた。装丁のイラストは風間完氏で、ふるさと中津の船場町が描かれていた。文中に気概のある晴れやかな文章があった。

「今、私は三十歳。妻は十九歳。青春である。私は二十代の後半まで、自らの青春を圧殺して、ただ黙々と働き耐えるのみだった。その頃の日々を青春とは呼ばぬ。今、やっと遅い青春が、ひそかな賛歌で私をくるもうとしている。」

松下は中津北高ではトップクラスの成績で、母の急死と父の病で、兄弟たちの事もあり、進学を諦めて、家業の豆腐屋を継いだのだ。家に余裕があったならば、赤門（東大）も確実だっただろう。

ページをめくるうちに、松下が初めて作った短歌が目に飛び込んできた。

「泥のごとできそこないし豆腐投げ怒れる夜のまだ明けざらん」（一九六二年、朝日歌壇初入選歌）

夜中に起きて豆腐を作る。うまくいかない未明の自分への憤りが哀しく活写されていた。

私（筆者）は自らを恥じた。親から東京の大学にやってもらい、そこそこの仕送りをもらい、ぬくぬくと落伍している。この本に励まされて、また私は大学へ通いだした。

おかげで単位も取り、四年間で卒業し、就職も決めた。

松下竜一
「豆腐屋の四季」②

中津市　一九六九年

松下は蒲柳の質だった。短歌にこう綴る。

「強かれと竜一の名を付けくれし　父母の思いをときに悲しむ」

父母の期待に応えられなかった息子の辛さ、悲しさ、忸怩さがしみじみと現されている。

「豆腐屋の四季」の中に、小祝島（山国川と中津川の中間の三角州）のことが書かれている。

「山国川が周防灘にそそぐ喉元に、小さな小祝島が浮かんでいる。だが当地の人々はだれも小祝島とは呼ばない。三角州の島だが、市街と橋続きだから、たんに小祝と呼ぶのみで、そこの住民も小祝島とは呼ばぬ。」

奥さまを小祝からもらった。三〇にして青春がもどり、松下に生気があふれてくる。

そこばくのもうけ楽しみ幾夜さか
節分の豆妻は炒り継ぐ

我が瞳にわたしがいるとのぞきこむ　妻の瞳よ我が映りつつ

心優しい愛情に満ち満ちた相聞歌である。


一九六九年（昭和四十四年）七月、「豆腐屋の四季」が朝日放送制作で連続テレビドラマになり、TBS系列で全国放送された。竜一に大河ドラマ「太閤記」で主演を張った緒形拳、妻に川口松太郎と三益愛子の娘川口晶、弟に売り出し中の林隆三、父親に名脇役の藤原釜足である。木下恵介は演出をしていないが、木下組で作られているから、人間ドラマの表現力に瑕疵はない。

東京の下宿に、一四インチの中古白黒テレビを買って、毎週見た。松下先輩にいつかお会いしたいとの憧憬を持って、緒形演じる松下を見続けた。

松下竜一「豆腐屋の四季」③

中津市　一九六九年

松下一家は、竜一の幼い頃、中津市塩町の生家を追われて、船場町へと引っ越した。愛憎が交差する福沢通りである。「豆腐屋の四季」にこう記されている。「星のさわのいまたたく未明から、落日のあかねが並木を染める夕べまで、幾度その通りを往き来することか。豆腐を積み行く猫背の私の姿は、たぶんその通りでいちばん見なれたものだろう。諭吉翁の名にちなむ福沢通り。両側の並木が、秋風にさやいで影を散らしている。」

一九八二年（昭和五十七年）、ちょうど彼が、「ルイズ―父に貰いし名は」（講談社）を出版した秋に、私（筆者）は義母と妻を連れて、中津市島田本町の実家から福沢通りを北へ、彼に会いに行った。妻の家が伊藤野枝（一八九五～一九二三年、婦人解放運動家）を尋常高等小学校へやり、東京の上野高女へやった家だった。妻の曽祖父は代準介と云い、野枝の面倒を死ぬまでみて、憲兵隊に虐殺された後も、戒厳令下の東京に福岡からすぐに単身で上り、陸軍と交渉し、その遺体を引き取り茶毘にふした。野枝と大杉栄の幼い遺児四人を引き取り、博多へ連れ戻った。

そのうちの一人が「ルイズ」である。

義母は、魔子、エミリー、ルイズのお姉さん格で姉妹同様に育っている。

末っ子のネストルはすぐに亡くなった。

松下が「ルイズ」を書くにあたり、代準介が書き残した自叙伝「牟田乃落穂」を資料として、長く松下に貸していたご縁から会いに行ったのだ。

自叙伝には「野枝」と「大杉」のことが多く書かれていた。

訪ねると松下は快く歓待してくれた。お豆腐を作っていた土間の仕事場は、床を張り、書斎に変わっていた。

二〇〇四年（平成十六年）に松下は六七歳で川を渡った。あまりにも早すぎる死だった。中津は惜しい男をなくした。

石原裕次郎
映画「ある兵士の賭け」

別府市　一九七〇年

映画「ある兵士の賭け」は一九七〇年、石原プロの作品である。

監督はキース・エリック・バード、主演はデール・ロバートソンと石原裕次郎である。ほぼ実話に基づいた作品で、「米兵士クラーク大尉が神奈川県座間基地から、別府の米軍キャンプまで一三三〇キロを二週間で歩けるかの賭け」である。もし成功すれば、その掛け金を別府の孤児院「白菊寮」の改修費用に寄付するというもの。クラークは別府に駐屯している頃、寮の子供たちの「雨の漏らない鉄筋コンクリートの家が欲しい」の願いを聞いた。毎日一〇〇キロを十四日間で歩く、とても並の人間ができることではない。

裕次郎が演じる報道カメラマン北村は、朝鮮戦争でクラークが罪なき夫婦を誤射し、その幼い子が一瞬で孤児となった時の悲痛な泣き声を聞いていた。裕次郎はクラークの行動が欺瞞であり偽善ではないかと疑っていた。

クラークにはモデルがいた。ジョン・O・アーン大尉である。彼は毎年クリスマスにはプレゼントをもって、白菊寮を訪問していた。アーン大尉はベトナム戦争で、ジープごと地雷にふれて爆死したが、映画ではベトコンに狙撃されて死ぬ。白菊寮は今でも「光の園」として続いている。

映画でのクラーク大尉は同行の若い兵士デニスと、東海道、山陽道を下り、関門トンネルから九州に入る。九州横断道路を歩き、別府鉄輪付近で多くの人々に迎えられ、明星学園の前を歩く。たくさんの明星生たちがエキストラとして参加している。白バイに先導され路面電車の軌道を歩く。二週間で見事に一三三〇キロを踏破した。

この映画は贖罪と善意の賭けである。それをペンタックス・カメラで見届けるのが裕次郎。

「歩くサンタクロース」と呼ばれた男の話しである。

経済安定期編

松本清張「西海道談綺」

日田市、中津市、宇佐市　一九七一年

この小説は週刊文春に一九七一～七六年まで長期に連載された。

心に深い傷を持つ主人公「太田恵之助」の紆余曲折の伝奇小説である。過去を隠し江戸から日田郡代の下に着任する。隠し金山や、宇佐石体権現の山伏や、妖術を使う行者らが出てくる。

松本清張はこの時代小説で、日田を中心に、宇佐郡や中津を地理にのっとり、

つぶさに描いている。小倉から日田へたどる道を、「小倉から椎田、中津、四日市、日出、府内を通って行く道」、また「中津から南に山間の道をとって山国川沿い柿坂から森へ出る道」と記している。

日田の郡代は、西国の鉱山の目録を持ち、幕府直轄の玖珠金山他、各藩の鉱山も見張っていた。

「中津藩（奥平家）豊前下毛郡溝部村、草本鉱山。寛永十年開坑。金銀。留山。」と記している。ちなみに「留山」とは、閉山の意である。

筆者の父の出自は宇佐郡麻生村（現・宇佐市）である。幼い頃、両親に連れられ、麻生の山の中まで墓参りに行かされていた。それだけにこの小説には、自分のルーツの村が出てくることが嬉しい。

第一巻「現場供養」の章の冒頭に、「陣屋のある四日市から西南に向うこと一里ばかり、麻生という村がある。」「麻生村は山と山の谷間にある。日出生、龍王と通って四日市に出た道からは、南のほうにはずれた道となっている。四日市からいえば南と西へ斜めに出ていて、そのひろまった間に稲積山というのがはさまり、西の八面山と対している。」

松本はこの辺りすべて歩き通して描いている。細密なところまで油断がない。けれん味だらけのストーリーで、縦糸横糸、縦横に絡み合った手練手管の小説である。

畑正憲「ムツゴロウの青春記」①

日田市　一九七一年

畑正憲（愛称ムツゴロウ）の生まれは一九三五年（昭和十年）四月十七日、福岡市となっているが、幼少期は満州で育ち、戦後、中高時代は父親の故郷である日田で成長している。

「ムツゴロウの青春記」（一九七一年、文藝春秋刊）というエッセイ集がある。思春期の日田時代のお話である。

「初めてのラブレター」の項に、

「私が住んでいた大分県の日田市は、九州のほぼ中央にある人口三万ほどの町で、市内には東西南北四つの中学校があり、私は大原山の麓にある東部中学校に通っていた」

この東中時代に将来奥様となる純子さんと出会っている。初めてのラブレターはどうもノートに書き、そのページをちぎって渡したようだ。

同書の中に、「初恋は時を選ばずやってくる。（中略）健康な発育を遂げている人ならば、遅くとも高校生の頃までに必ずやってくるものだ」

初恋の純子さんと交際を続け、筒井筒の愛を育み、長じてから東京で一緒になる。畑先生は実に誠実で実直で律儀な人である。ただ、この本は先生の「イタセクスアリス」がふんだんに書かれており、そこのお話は天真爛漫でほほえましい。

「父の思い出」の項に、

「日田は杉の産地として有名である。（中略）その頃はまだ下駄が売れていて、全国一の生産量を誇っていた」とある。

畑の父は青春時代から医師になるという初志を貫いて、勉強に勉強をかさね、ついに無医村の医者となっている。父が医師の国家試験に通るまで、母上が下駄の鼻緒作りで家計を支えている。明けても暮れても、麻縄をない、芯を入れ、布をかぶせて鼻緒を作っていたと記している。すばらしい両親のもとに、やんちゃに育った正憲少年だった。

畑正憲

「ムツゴロウの青春記」②

日田市　一九七一年

この本の「バンカラばんざい」の項にこう書かれている。

「大分県立日田高校に進んでまず面くらったのは、中学より更に濃密に自由の空気がただよい、反骨の気にみちあふれていることであった」

豪快、豪傑の先生が多かったようで、読むべき本の導き、議論の稽古と、よい薫陶を受けている。

「私にとって、高等学校は天国だった。（中略）文芸部で詩や作文を発表したり、脚本を書いて芝居を上演したりして満悦しごくであった」

文学と学問とディスカッションと芝居と、そしてイタセクスアリスの高校時代である。

「育っていく性」の項にはこう記している。

「日田は九州の水郷として国定公園に指定された観光地だから、売春宿の数も多かった。（中略）道路に面した格子窓があり、その向こうに女がずらりと並んでいた」

文章を読んでいると、相当に遊んでいるように露悪に書いているが、勉強も相当にやっていたようだ。日田高ではほとんどトップを続けている。文武両道、よく遊びよく学ぶ、学風がいいのか、先生たちが良いのか、広瀬淡窓が作り上げた勤勉日田の空気だろうか、颯爽、はつらつとしている。

畑は現役で東京大学理科Ⅱ類に合格する。当時、Ⅱ類には医学科へのコースもあり、父の後を継がんと医師を目指したのだろうが、もっと面白い動物学の方へと舵をきった。

日田の高校生諸君はムツゴロウ先生のこの本を読めば、青春の悩みの乗り越え方を教えてくれる。

原田種夫「さすらいの歌」①

豊後高田市　一九七二年

作家の原田種夫（一九〇一～八九年）先生には励まされたことがある。四九年前、福岡市民文芸小説部門に応募した。その時の審査員が原田先生で、九州文学の知人から、「先生が褒めている」と伝えられ、ご自宅までご挨拶に参上したことがある。

行くにあたって、何か先生の最新作を読んでおこうと、「さすらいの歌」（一九七二年十一月十日、新潮社刊）を読んだ。題材は江口章子（一九四六年、五八歳で死去）だった。歌人で詩人、北原白秋の二番目の妻でもあったが、二人の生活は四年ほどしかもたなかった。

文中にこう書かれている。

「江口章子は明治二十一年（一八八八年）、大分県香々地町（現豊後高田市）に生まれた。香々地とはどういう処なのか。香々地は国東半島の北西海岸にある小さな町で周防灘に臨んでいる。東に国見町、南は黒木山（五〇八メートル）、ハジカミ山（五六七メートル）、尻付山（五八七メートル）連山の山頂を境にして、西南に真玉町がある。（中略）筆者が香々地に江口章子の生家のあとを訪ねたのは昭和四十四年（一九六九年）の六月のはじめのことである」

「章子が哀しい運命を生きて、最後に

狂死したぐらいのことは知っていた。聞けば屋根の傾きかけた一ばん端が章子の狂死した部屋だとのことだった。破れた雨戸がしまったままである。なんともさびれ果てた感じがした」

同小説などによると、章子の実家は酒造業を営み、屋号は「米屋」だった。香々地で一番の裕福な名家のお嬢さまだった章子は、大分町（現大分市）の県立大分高等女学校に入学している。今の大分県庁の隣にあった。

なぜ狂死するまでの破綻の人生となったのだろうか。そこが詳しく描かれている。

原田種夫「さすらいの歌」②

豊後高田市　一九七二年

原田の小説「さすらいの歌」によると、香々地（現豊後高田市）出身の江口章子（一八八八〜一九四六年）は、県立大分高女を出ると、宇佐郡宇佐地区出身の弁護士と結婚した。当時の事であるから、もちろん見合いである。この男が弁護士と云う知的な仕事のわりには遊蕩放蕩女遊びで有名で、章子にも玄人風の婀娜《あだ》な着付けと化粧をさせて、堅気の妻ではなく、遊郭の娼妓のように扱い、責めさいなんでいる。

「章子は晩年近くなって苦しめ抜いていく狂気の原因は、この結婚式の初夜に刻印をうたれた。（中略）夫婦の営みが章子の後年の地獄と狂気につながるとだけ記しておきたい」

「彼は、素人も玄人も区別なく、自分の妻さえも、たんに快楽を提供する生物として扱った」

章子は荒淫の果ての憔悴に耐えかねて、夫の元を出奔し上京、北原白秋を訪ねる。「人形の家」のノラである。北原とは四年ほど夫婦生活をするが、これもまた破綻する。

同小説の「あとがき」に、原田は次のように書いている。

「新波戸という海辺の丘にのぼり、雑草の中にある江口家の墓所で、雑草に掩《おお》われ墓標すらない章子の墓石代わりの小さい石塊を見るに及んで、狂死した江口章子の生涯を追い、一つの哀悼歌にしようと決心した。頭がかっかと燃えた。一つの作品にこれほど気負いたったことはかつてなかった」

原田は章子の人生に惻隠の情を持ち、義侠心を持ち、彼女の不遇極まりない人生を描いた。

彼女は晩年、座敷牢のような場所で、食事もろくにもらえず、糞尿にまみれて死んでいったという。それが事実なら、なんとも痛ましい生涯である。

山田洋次監督
映画「男はつらいよ　私の寅さん」

日田市、別府市　一九七三年

一九七三年に公開された「男はつらいよ　私の寅さん」（山田洋次監督）は、寅さんシリーズの第一二作目である。マドンナは岸恵子、他のキャストはいつものメンバーである。おいちゃん夫婦をさくら夫婦が九州旅行に招待する。この回は珍しく渥美清がロケに参加していない。柴又のとらやの留守番という設定である。全日空機で国東の大分空港に降り立ち、ホバークラフトで別府に渡る。湯煙一杯の鉄輪温泉街が映り、高崎山への観光となる。猿たちを実に可愛く撮っている。とくに子ザルたちが愛らしい。寅次郎を模した、群れから浮いている猿を見て、皆は寅さんを思い出す。

一行は杖立温泉へと行く。杖立は熊本県小国町であるが、一部は大分県日田に掛かっており、杖立川の両岸が映し出されている。旅館の浴衣を着た湯治客、お土産屋、旅館やホテルが映る。

翌日、やまなみハイウェイで阿蘇に向かう。阿蘇五岳の涅槃像が映し出される。皆は留守番の寅さんが心配で、一日早めて帰京する。

おばちゃんの「やっぱり、うちが一番いいねぇ」の台詞がある。寅さんは幼友達の妹役岸恵子と出会う。岸は油絵の画家をしている。一度、結婚に失敗し、今は独身のひとり暮らしである。この岸に寅さんは恋心を抱く。大いなるワンパターンのストーリーであるが、この定番を我々は愉しむのである。恋の病はお医者様でも治せない。男と女は「友だちのまま」がいいのだ。寅さんはまた失恋し旅へと出る。岸もまた絵の勉強にとスペインのトレドへ旅立つ。

その年のお正月である。なぜか寅さんは阿蘇山頂で、明るく元気に啖呵売をしているのだった。あの名調子の口上は、すべて覚えてしまった。

永井龍男「朝霧と蛍の宿」①

由布市　一九七四年

文化勲章受章者で作家の永井龍男（一九〇四〜九〇年）の文章が好きである。家が貧しくて高等小学校しか出ていないが、独学での勉強はすさまじい。

筆者が幼い頃、教科書に永井の短篇「黒い御飯」が載っていた。これを読んだ時の哀しみと感激は忘れられない。文体は平易であり、どこか品格があり、心に染み入るペーソスがあった。

彼が雑誌「旅」（一九七四年七月号）に書いた「朝霧と蛍の宿」という名随筆がある。大分の旅を描いている。神戸港から「すみれ丸」で瀬戸内海をゆったりと別府までやってくる。宿は由布院の「亀の井別荘」である。

「この宿には、門らしいものはなく、細い門川を渡って植込みに入る。（中略）正面に高い茅葺き屋根があり、『清蔭荘』という小さな木の額がかけてあった」

「茅葺き、瓦葺きの別棟が、新緑の木々の間に点在して、温泉宿というよりは、湯の村という気分である。あれが由布岳、倉木山と指されるまでもなく、五六百メートルの山々が遠巻きに由布の盆地を囲んでいるから、一層山里という感じが濃い」

心優しいまなざしを感じる文章で、由布院郷を実に気に入っている。夕食の料理もおいしく紹介されており、鯉、イワナ、ハヤの川魚のほか、数々の山菜料理にも舌鼓を打っている。

夕食後、宿を出て、門川の小橋まで散策し、蛍に遭遇する。

「二〇年振り、三〇年振りに逢う蛍であった」と、声を弾ませるほどに喜んでいる。

筆者も年に一度は由布院を訪う。金鱗湖の回りを散策するのが大好きだ。

永井龍男

「朝霧と蛍の宿」②

由布市、玖珠郡九重町、玖珠町、宇佐市、別府市　一九七四年

永井は「朝霧と蛍の宿」の中で、一九三一年（昭和六年）に由布院を訪ねた与謝野寛（鉄幹）の歌を紹介している。

山かげの池青くして片岸に
白きうら葉をかえす銀柳

永井はこの歌を、与謝野は山下湖あたりで物したのではないかと想像しながら、やまなみハイウェイを通って、長者原へ足を伸ばしている。

「長者原と指標のあるところで車を止め、存分に高原の空気を吸う。右を向いても左を向いても、ひばりの声がちりばまれている」

次に牧ノ戸峠でも車を降り、急坂を登って眺望台まで行っている。久住山や三股山ほか九重連山を望遠鏡でつぶさに見つめたようだ。

翌日は豊後の森町を抜けて耶馬渓に向かっている。羅漢寺でリフトに乗り、青の洞門を抜けて宇佐へ向かう。

「宇佐八幡宮は、私にとって曾遊の地だが、三十年も前のことで印象らしきものは残っていない。一の鳥居をくぐって、その広大さにまず一驚した」

一の鳥居外の食堂で昼食をとり、別府で赤い血の池地獄と青い海地獄を見てか

ら、国東の大分新空港へ向かい、帰路に就いている。

随筆の末尾をご紹介したい。

「ざぼんの砂糖漬は、別府で買った。これで朝茶を喫しながら、けさの由布院の山霧はどうだろうと想像した。梅雨がもうそこまできているとして、門川の蛍の数は増したかどうか、そんなことも思われた」

余韻と情緒のある上手な着地だった。

筆者は永井の「黒い御飯」を文章のお手本としている。赤い御飯ではない、黒い御飯である。

佐木隆三
「復讐するは我にあり」

別府市　一九七五年

小説「復讐するは我にあり」（一九七五年、講談社）は、佐木隆三の第七四回（一九七六年）直木賞受賞作品である。主人公は榎津巌となっているが、実際のモデルは西口彰である。詐欺師で、苅田で二人、浜松で二人、東京で一人の、計五人殺しの凶悪犯である。

筆者が中学三年の頃の事件で、故郷が中津であり、苅田―行橋―中津―別府の国鉄日豊線沿線一帯は戦々恐々としていた。佐木は西口が逮捕されてからの裁判を傍聴し、膨大な裁判記録を手ずから写して、この作品を書きあげている。

「榎津加津子は、地獄で卵を売っていた。（中略）この海地獄は池の面積も広く硫酸鉄をふくんだ湯は青く澄んでいる。（中略）彼女の仕事は、ここで池に漬けた卵を売ることだった。別府張り込みの捜査員は、三十円で一個だけ買った」

巌が宇高連絡船から自殺を偽装したとにらんだ警察は、別府に立ち寄るのではないかと、巌の妻の加津子を張り込む。

「榎津加津子が朝早く出かけるのは、新しい仕事の卵売りのためではなく、別府港桟橋へ行くためなのだ。（中略）捜査員は港のビルの物陰から、手配写真を頼りにさりげなく監視するのだが、おなじように目立たぬ場所とはいえ榎津加津子もかならず立っているのだ」

巌の両親は別府で旅館をやっていた。この頃、別府国際観光港には巌の眼鏡をかけたときと、眼鏡をはずしたときのポスターが数か所に貼られていた。彼女は桟橋で寒風にさらされながら、無表情に立ち続けていた。

佐木はこの残忍な凶悪犯の逃避行を、裁判記録に基づき長編小説に仕上げた。

ほとんどドキュメンタリー小説である。真実がよく伝わる。

緒形拳
映画「復讐するは我にあり」
別府市　一九七九年

映画「復讐するは我にあり」は名匠今村昌平監督の手による。第三回日本アカデミー賞作品賞、監督賞ほか四部門を取る。

犯人の榎津巌役に緒形拳、巌のクリスチャンの父役に三国連太郎、巌の妻加津子役に倍賞美津子という布陣。さらに、巌を追いかける刑事役にフランキー堺、その他配役の隅々にまで名役者を擁している。

一九七九年（昭和五十四年）の作品で、今村監督はほぼ事件の起きた場所でロケを敢行している。

行橋、苅田でロケのあと、榎津の両親（三国とミヤコ蝶々）が経営している鉄輪の「五島荘」という旅館が映る。方々から湯気の立ちあがる鉄輪の路地で撮影されている。加津子が海地獄で温泉ゆで卵を売っている。ここでは刑事（フランキー堺）が加津子に事情を聞いている。毎朝、別府港の桟橋に行く加津子を刑事は遠くから張り込んでいる。

榎津は逮捕され、小倉刑務所での父親と巌の父子のやりとりは真実迫真の演技だった。裁判の後、巌は死刑となる。荼毘に付した遺骨をもって、父親と加津子は鶴見岳のロープウェイに乗る。下って来るゴンドラの中には、白装束のお遍路さんたちがぎっしりと乗っている。下るゴンドラの先に、別府市街が見下ろせる。

鶴見岳の展望台から、父親と加津子は骨壺を開け、巌の骨を空中に投げる。何度投げても、骨は空中にとどまり、落ちてはいかない。投げても投げても、骨はとどまる。最後、父親は狼狽し骨壺ごと別府の町に向けて投げる。

すさまじい映画である。榎津の「不公平ばい、人間なんチ」の捨てぜりふが聴こえてくる気がした。

筆者も貧しい飲み屋の子で鉛のスプーンをくわえて生まれてきた。この世は不公平だと思っている。

杉森久英「大谷光瑞」

別府市　一九七五年

大谷光瑞（一八七六〜一九四八年）、浄土真宗本願寺派の第二二世法主、鏡如上人である。別府の伊藤別邸赤銅御殿（主人伊藤白蓮）によく訪れていた大正三大美人の一人九条武子の兄である。

「大谷探検隊」として、インドのキルギットから中国の奥ヤールカンド、カシュガル、ソ連のアンジシャンを、玄奘三蔵のごとくに探検している。チベット行きではコータンからタクラマカン砂漠、ローラン、トルファンほかの天山山脈一帯の調査を行っている。

後に孫文の率いる中華民国政府の最高顧問として大陸の政情安寧にアイデアを尽くし、太平洋戦争に突入してからは、近衛内閣の参議、小磯内閣の顧問、東條内閣の顧問も務めている。東條とは意見が合わなかったと聞く。

大谷の事は、杉森久英が「大谷光瑞・上下」（一九七五年、中央公論社）で著している。

戦後は中国側に抑留され、一九四七年（昭和二十二年）に帰国し、病気療養のため別府に暮らした。文中に、こう書かれている。

「彼は別府の温暖な気候と明媚な風光が気に入って、ここを永住の地とするつもりで、ふたたび別府へ行くと、鉄輪温泉のときわ屋旅館の離れを借りて住むことになった。」

一九四八年、「あるとき光瑞は、別府市議会から、観光都市のあり方について御高見を拝聴したいと望まれて、市議会堂で一時間ばかり講話した。」

この年の十月四日に危篤に陥り、翌五日に遷化した。中央アジア、西域の仏跡探検家であり、大宗教家であり、世界の美味、動植物、陶芸に精通し、アジアの政治、外交にも通じたコスモポリタンの政治家でもあった。

椋鳩十「ふしぎな石と魚の島」

東国東郡姫島村　一九七六年

もう六〇年以上も前の話し、筆者の幼馴染のK君は姫島（東国東郡）の出身だった。夏休みは彼のおじいちゃんの家に遊び、数日を姫島で過ごしていた。おいしい魚や、車エビ、焼き蛤をふんだんに食べさせてもらい、二人で島中を歩き、黒曜石の「観音崎」や、姫島七不思議の「千人堂」まで登った。

椋鳩十に姫島を舞台にした物語がある。「ふしぎな石と魚の島」（一九七六年、中央公論社）である。

中学一年の村岡三五が夏休み、姫島で僧侶をしている叔父のところへ大阪からやってくる。いとこで同級生の寺の息子春夫と仲良しになり、島中を探索冒険する。

椋の上手な筆致にのせられて、姫島の古代からの歴史が目に飛び込んでくる。それは自然な観光案内にもなっている。

とくに後半、仲條石太郎の植林の努力こそ、椋が最も伝えたかったことだろう。島の木を切ってしまい丸裸になれば、魚が寄り付かなくなる。仲條は孫子の代まで漁業で楽な暮らしをしようとするのなら植林だ、と多くの反対を押し切って進めていく。

この林を「魚附林《ぎょふりん》」と云う。椋は「あ

とがき」で、

「私は、各地の離島、この三、四年歩きまわっていますが、例外なく、政治の網の目からこぼれおち、過疎化に苦しみ、(中略)ところが、大分県の国東半島の彼方にうかぶ姫島をたずねたとき、『おや、この島は、他の島とは、様子がちごうぞ』」と書いている。

椋は「豊かさと、明るさと、のびやかさがただよっている」ことを不思議に思い、島のことを精密に調べ上げてこの物語を著した。

姫島、今も青く碧く美しいロマンの島である。

檀一雄「女の牧歌」

玖珠郡九重町　一九七六年

檀一雄「わが青春の秘密」(一九七六年、新潮社)の中に、「女の牧歌」というエッセイがある。彼は旧制福岡高校在学中に、校長の車に投石して、一年間の停学処分を受けている。数え年一九歳、この停学時での旅の体験を記している。

「私が宝泉寺に出向いていったのは(中略)日野清子の出来事があって、二、三ヵ月は過ぎていたのであろう。そうだ高原のマユミや楓が爛熟し、ススキが銀《ぎん》箭《せん》のように光りゆすれている姿をのろい列車の窓から眺めやっていた感動を今でも忘れない。宝泉寺と云う貧寒な小駅に降りたった」

日野清子とは、檀が書いた「愛の透き間」というエッセイに登場してくる若い女性で、彼女から宝泉寺温泉の良さを聞いたからである。檀は彼女に恋情を持ったが、隣室で寝ている彼女に手を出すことはなかった。

檀は宝泉寺の旅館に旅装を解くと、案内の少女はまだ一七、一八歳、他にお客は居ないからと高原の高台まで観光案内をした。

「台地の縁に立つと、一眸起伏する遠山が、夕陽を浴びて金色に染まっている。私は吹きつける風を受けながらススキの台地に立ちつくしたが、いつの間にかその少女が私の片腕にすがりついている」

少女は檀が風呂に入っていれば、自分も湯あみし、夕食のお給仕をし、深夜は布団にまでもぐり込んできた。朝起きると、彼女の姿は見えず、旅館の者に聞くと、サイという少女はもう家に帰ったという。

「これが女の牧歌の一部始終だ。もう一度私は大学の頃、宝泉寺を訪ねてみたことがあったけれども、澄み透ったお湯がとめどなく噴きこぼれているだけで、誰にきいてもサイと云う名前の女は分からずじまいであった」

檀の若き日のイタ・セクスアリスである。

渡瀬恒彦・桃井かおり
映画「神様のくれた赤ん坊」

中津市　一九七九年

もう四三年ほど前か、一九七九年（昭和五十四年）に「神様のくれた赤ん坊」（前田陽一監督）の撮影隊が中津をロケした。主演は三浦晋作に渡瀬恒彦、森崎小夜子に桃井かおりである。

映画のストーリーは、三浦と小夜子は同棲中で同じアパートで暮らしている。隣の部屋の女から、「あんたの子よ」と云われ、六歳くらいの坊やを押し付けられる。女は逐電し、行先は分からない。三浦に覚えはない。隣室の女が付き合っていた男どもを、その女の同僚から聞き出し、坊やの真実の父親を捜しに行くというロードムービーである。

縦軸は父親捜しだが、横軸に小夜子の亡き母親の人生の軌跡をたどる旅でもある。

小夜子の母は昔、九州で娼妓をしていたらしい。小夜子の幼い時の記憶では、確か「お城の見える町」で暮らしていた。どの町かはまったく不明である。坊やの父親捜しと、小夜子が幼い時に暮らした町探しが上手にリンクした、坊や連れの三人旅である。

三人は中津に坊やの父親がいるらしいと聞いて、中津駅に降り立つ。まず中津駅をバックにしたシーンはある。駅前ロータリーでロケされている。次に中津城に上がる。天守から南向きに中津市を一望する。次に三ノ丁、南部小学校横の道でロケ。公園地に向かって、三ノ丁四つ角の右の家に三浦一人で入って行く。目当ての男は、今から別府で結婚式だと聞き込む。その目当ての男を吉幾三が演じている。

中津、別府、天草、長崎、唐津、若松と九州半周のロケは続く。

旅をしているうちに、二人はこの坊やに情が移り、二人で育てようというところで終わる。

今見直してみても、中津は当時と何も変わっていない気がする。発展しないのがいいのかもしれないが……。

城山三郎「男子の本懐」

日田市　一九七九年

城山三郎の小説に「男子の本懐」（一九七九年、週刊朝日）がある。主人公は浜口雄幸首相と、大蔵大臣井上準之助である。

両者ともにテロの標的となった。井上は日銀総裁の後、第二次山本権兵衛内閣で大蔵大臣となった。浜口内閣でまた大蔵大臣となり、金本位制への復帰、金解禁の実施、緊縮財政を勧め、とくに多くの予算を減額された海軍からの恨みを買った。

「男子の本懐」第二章冒頭に城山はこう記す。

「井上準之助は、浜口より一年早く、明治二年（一八六九年）三月二十五日、大分県日田郡大鶴村に生まれている。（中略）井上家は、代々庄屋で、造り酒屋でもあった。（中略）その家に準之助は、第七子、五人目の男の子として生まれている」

「十二歳で、豆田町（日田市）の教英中学に入学。次兄が豆田町に養子に行っていたので、その家の一室を借りて、自炊生活をはじめた。ノミやシラミに悩まされ、眠くなると、井戸端へ出て水をかぶって勉強した」


終生、猛烈な読書家であり、熱弁家であった。

昭和初期は世界恐慌で、日本も非常な不景気であり、井上の経済政策はデフレを呼び、海軍のみならず世間の恨みを買った。日蓮宗の井上日召が、「一人一殺」「一殺多生」を掲げ、血盟団（当初、この呼称はまだなかった）をつくり、井上準之助は一九三二年（昭和七年）、小沼正（血盟団メンバー、一九一一～一九七八年）より暗殺された。

井上準之助が書いた「金再禁止と我財界の前途」という著書がある。この時代、財界の整理と緊縮財政、誰かがこの憎まれ役を背負わなければならなかった。

日田が生んだ俊英中の俊英である。

松本清張「安心院」

宇佐市　一九八一年

安心院はまず、他所の人は「アジム」とは読めないであろう。「アンシンイン」と読むのが精一杯だろう。松本清張に「安心院」（文藝迎春　一九八一年一月八日号）と題した随筆がある。

「アジムはアズミ（阿曇）の転訛であろう。（中略）安心院は現在は山に囲まれた内陸にあるが、この台地の東の裾にあたる豊前四日市あたりまでは沖積層で、周防灘がすぐ近くまで入り込んでいたことがわかる。阿曇族の漁業基地だったのが、種族の盆地居住で農耕化した」

松本らしく、地名を「阿曇族」から説き起こしている。筆者の父方も安心院の奥の麻生ゆえに、大陸からの阿曇族の末裔となれば少し誇らしい気もする。日本中に散らばった阿曇族は、各地で「アズミ」「アツミ」「アジマ」など、名を変えて今も地名として残っている。

松本はエッセイの中で、安心院が生んだ政治家「木下謙次郎」（一八六九～一九四七年、衆議院議員、関東長官）にも触れている。

「彼の著『美味求真』は、今でいう趣味の料理本で、当時のベストセラーであった。（中略）もちろん安心院のスッポンのことが書いてある」

木下は公爵桂太郎（一八四九～一九一三年、陸軍大将、総理大臣）が病の時、安心院からスッポンを取り寄せ、自ら桂邸で調理しスッポンスープを公に差し上げている。桂は日露戦争時の内閣総理大臣である。総理大臣日数は安倍晋三にぬかれたが、二八八六日をほこる。ニコポン宰相と呼ばれた。明治天皇に愛された男である。

安心院は「木ノ謙」という「舌の達人」が出たことも誇っていい。「美味求真」にはほかに姫島のふぐ、日出町の城下かれい、日田三隈川の鮎の美味も俎上に上げられている。ちなみに後の大分県知事木下郁は彼のおいである。

尾辻克彦「父が消えた」

大分市　一九八〇年

尾辻克彦（一九三七～二〇一四年、別筆名・赤瀬川原平）は、第八四回芥川賞を「父が消えた」（一九八〇年、文学界十二月号）で受賞した。

この作品の中で大分のことに触れている。

「昔やっぱりガタンと動いた汽車があった。九州の大分から引越して来るときだった。夕方の大分駅だった。たぶん夕方だったと思うのだけど、その頃の大分駅といえば、いつも夜中ばかりを思い出す。それも夜明け前の、いちばんドン詰まりの夜中なのだ。兄が旧制の中学を出て上京するときもそうだった。(中略)いま考えると何故いつもそんな時間なのか不思議だけど、たぶん当時のダイヤの都合で、大分駅ではそうなるほかに仕方がなかったのだろうと思う」

　尾辻は幼い頃、家族で大分に引越し、幼稚園、小学校、中学校、大分舞鶴高は二ヵ月で名古屋に引越している。名古屋からまた横浜に引越し、武蔵野美大に入っている。

　この小説は父が亡くなり、お墓をどうしたものかと逡巡するお話である。都営の墓地、私営の墓地、各所を見学に行きながら、人生というものを軽妙な文体と、たわいのない会話体で飄々と仕上げている。

　同じく彼の著作に「超貧乏ものがたり」(一九八四年、PHP研究所)がある。大分の事がよく綴られている。

「第一回目の給食」の項に、初給食のおかずが鯨肉の塩漬けで、これを校庭で給食当番が七輪で焼く、そのにおいが猛烈に臭いものだったことを記している。

「数年前、何十年振りにかで大分を訪ね、まず金池小学校に行ってみた。講堂の建物が昔のままで、床には式のたびごとに動かしたピアノの車輪の線が何本も刻まれていて、感慨もひとしおだった」

　文末に「カナイケ」、金の池の小学校とは豪華な名前だったことを懐かしんでいる。

石川利光「右往左往」①

日田市　一九八一年

作家石川利光は一九一四年（大正三年）二月、弁護士の父作造、母昌子の三男として日田郡豆田川原町（現日田市丸山町）に生まれた。幼い頃から、花月川で泳ぎまくって成長した。子供時代のことを、西日本新聞一九八一年十月八日掲載の随筆「右往左往」にこう記している。

「私の生家は県道沿いの家並みの外れにあった。塀の外は荷馬車がやっと通れる田んぼ道を隔てて水田が広がっていた。梅雨どきの豪雨や秋ぐちの雨台風シーズンになると、裏の方を流れている花月川（筑後川の支流）がたちまちはんらんする。（中略）川から遡ってきた鯉、鮒、鯰などが迷い込んで、水面に波を立てるのを待っているわけである。波の動きを発見するや、着のみ着のまま稲田の湖にとびこんで、鯉や鯰に抱きつくようにして捕まえる」

なかなかの腕白少年だったようで、その鯰は大人の腕で一抱え程ある盥《たらい》に、まっすぐには入らなかったとも記している。

同じく十月九日の「右往左往」には、「慈眼山の下に広がっている草っ原には、毎年、夏から秋へかけて大学や高専の学生がキャンプをしていた。それを真似た私は、中学三年の夏休み、日田から博多まで〝無銭旅行〟を企てた」とある。

徒歩で野宿の意気込みが、途中でケツを割って、乗り合いバスと西鉄電車に乗っている。意外と根性がないのはいい所の坊ちゃんのせいかもしれない。まさにタイトル通り「右往左往」の生き方である。

日田中学（現日田高校）から早稲田第一高等学院英文科に進み、途中二三歳で、法政大学国文科に転じている。法大卒業の二六歳まで親からの仕送りに頼っており、いわゆる高等遊民であった。

石川利光「右往左往」②

日田市　一九八一年

石川利光は、長兄の影響もあり、日田中学時代から文学に傾倒した。早稲田でも法政でも、同人誌活動をしている。文体は細やかで眼差しが優しく、心模様を多く取り込んだ情緒文である。

西日本新聞一九八一年十月三日掲載の随筆「右往左往」に、故郷日田の美しい月に触れている。

「それにつけて思い出されるのは、や

はり、学生時代に故郷・日田で見た月である。毎年の夏休みを両親のもとで過ごし、九月の中旬ごろ東京にたつ。だから上京間際のころだった。夕食のあと土塀の裏門から畦道に出てみると、東の空に〝お盆のようにまんまるの月〟が出ていた。いくらか肌寒い夜気が漂っていたせいか、月の黄金色が暖かく感じられた。心に火照るものを覚えた。（中略）私は月に近づくように東へ向かって歩きだした。花月川の土手道に出る。川を隔てて慈眼山の松林が、海に突き出した岬のようなシルエットを描いていた」

石川の情景描写の美しさは日田の美しさが影響している。

一九五一年（昭和二十六年）、第二五回芥川賞を「春の草」その他で受賞する。

同時受賞が安倍公房である。審査委員丹羽文雄の石川への選評をご紹介しよう。

「石川利光の『春の草』『冬の蝶』、この作者は一作ごとによいものを書いていく。（中略）筆触はあざやかで、ぴたりと押さえている。新鮮なレモンと評した人があったが、適評である」

内容は、京王線の国分寺駅あたり、「亀一」という居酒屋に集う客たちのお話。安アパートの住人たちに貞操感のない男女の腐れ縁の話しである。

石川は、中年から晩年にかけては、官能文学に方向を変えて行った。

石川利光「右往左往」③

中津市、日田市　一九八一年

筆者は中津の生まれで、父母は戦後、中国から引き揚げてきて、中津駅近くで母は飲み屋、父は下駄屋をやっていた。当時、まだ運行していた耶馬渓線鉄道で守実まで行き、バスで日田市内まで行き、下駄と鼻緒を仕入れていた。帰りの荷物は重く、耶鉄が日田まで通じていたらと恨んだものである。

石川が一九八一年十二月五日の西日本新聞連載「右往左往」に、「往還」と題して日田から中津までの旅を書いている。往還とは昔の言い方で道路のことである。

「この道路は中津市に至る県道だったが、（中略）この往還を乗合馬車が通っていたのを、おぼえている。（中略）そのころはまだ耶馬渓鉄道が柿坂までしかきていなかった」

しばらくして乗合馬車から乗合自動車に変わった。フォードのおんぼろバスで、後部にスペアタイアが取り付けられており、石川少年はぴょんとタイヤにつかまり、タダ乗りをしていたことが記されている。

「あるとき、両親と私たち男の子三人、貸し切りの車で伏木峠を登ったことがある」

車はオーバーヒートでラジエーターから白い湯気をもうもうと吹いたという。伏木峠は高低差が四〇〇《メートル》もあり、日田往還の難路であり、難所であった。

「目的地まで車で行く予定を変更して、柿坂から耶鉄に乗り、中津に着いた。そこからまた、車をやとった。街を通りぬけ、山国川の川口に架かった長い木橋を渡ると、まもなく福岡県築上郡に入る。（中略）石垣の上に萱ぶきの大屋根や長屋門が見えてきた。（中略）これが目的地、母の生家である」

母は大庄屋の娘で、石川には豊前の血も流れていた。

石川利光「右往左往」④

日田市　一九八一年

官能小説といえば、九大卒の川上宗薫、福岡修猷館高卒の宇能鴻一郎、京都郡豊津高卒の富島健夫、なぜか皆九州ばかりであるが、石川は彼ら御三家のずっと先を行った作家である。

西日本新聞一九八一年十一月二日掲載の石川の随筆「右往左往」に、日田美人に触れたくだりがある。

「故郷を離れて他の土地と比較してみ

るようになってから、ようやく故郷の勝れた風景や〝日田美人〟と称される女性たちを見直した。（中略）山紫水明の土地に育ち、清冽な水で肌を洗えば磨きがかかるのだろうか。水と木と五穀の豊穣さのうえに心も豊かになるのだろうか。日田の女性のよさは、みめかたちばかりでなく、心情のおおらかさを兼ね備えたところのよさがあるような気がする」

大絶賛である。日田で旧制中学まで過ごしたのであるから、初恋の人も日田美人であろうが、それには触れていない。しっとりとした日田の底霧もまた日田美人に寄与しているのではないだろうか。「半未亡人」「爪あと」「女蝕」などの作品は官能をゆさぶる筆致である。

母校日田高校の校歌も作詞している。

♪緑あふるる九重の　山嶺はるかに仰ぎ見る　さながら高き若人の　希望にもえて集まる所　これぞ我等が日田高校
♪しぶく飛沫の三隈川　流れは永遠に変わり無し　さながら伝うとこしえの理想にめざめていそしむ所　これぞ我らが日田高校

（作曲・佐藤勝）

日田が生んだ芥川賞作家は、亡くなるまで右往左往の人であり、〝望郷切々〟の人であった。

瀬戸内晴美「ここ過ぎて」①

豊後高田市　一九八一年

瀬戸内晴美（後の寂聴）が、「ここ過ぎて　白秋と三人の妻」（一九八一～八三年、新潮掲載）に江口章子（一八八八～一九四六年、歌人、詩人）のことを書いている。原田種夫「さすらいの歌」、末永文子「城ヶ島の雨」より後である。

この作品は北原白秋と三人の妻「俊子、章子、菊子」について書いているのだが、中心は江口章子のことで、彼女の人生の彷徨を描いている。

章子は白秋の二番目の妻で、離婚まで五年の歳月を共に生きている。章子は白秋に歌集「雀の卵」を産ましめている。白秋が死んだとき、章子は「今の吾に何のかかわりもなき人の死にたまふとておどろくなゆめ」と詠んでいる。

「章子は故郷の香々地の生家の酒造場の酒蔵の一室で、病みほうけ、狂い死にする。」

章子が死んだとき、枕元には白秋の「雀百首」が残されていたと云う。

「雀が二羽ころげ羽ばたくうつつなさ落ちむとしてはまた飛びあがる」

この二羽は白秋と章子であっただろうか……。生涯、白秋への想いは断ちがたかったのであろう。

晴美氏は章子に非常な興味を引き、

「香々地を訪れたのは、四月の終わりに日であった。大分空港から、車で約一時間ほど、海沿いの道を走りつづける。香々地へははじめてだが、国東半島への旅は、私にとって三度めに当たる。」

長崎鼻の下の岩礁と重い海水のうねりを見つめ、こう書いている。

「江口章子の昏い胎内の中に迷い込んだような、鳥肌立つ感覚が走る。生涯石女だった章子の子宮の壁から滲みだす冷気のような空気が、粘着力を持ってじわじわ私を締めつけてくる。」

瀬戸内晴美「ここ過ぎて」②

豊後高田市　一九八一年

江口章子は詩歌集「追分の心」の中に、故郷香々地（現豊後高田市）を乞う詩を書き残している。題は「郷愁」。

「あてなき旅をするゆゑに　いよいよ故郷恋しきや　あてなき旅のたそがれのそぞろ歩きに見いでたる　我に親しき小径あり　いつも歩むはゆふべにて　森に小鳥のかへるとき　忘れはてたるふるさとの　山河の名もおもひ出ず」

「丘の春」という詩もある。

「こゝはふるさと丘の春　玉虫飛びて　わかき日の　夢青々と光るなり　吾が父母の眠ります　丘もつづくに玉虫の　虹の色してとび去るを　草笛さみし春の丘」

瀬戸内晴美氏は「ここ過ぎて」の中こう書く。

「ふるさとへの熱い想いを、裏切られても裏切られても、章子の中では、どんなに深い縁を結んだ男の心の中よりも、抹殺させることは出来なかったようである。」

「『女人山居』の中に里人が章子のことを狂人だと噂するというところがあるが、香々地でもこの発作をおこしていれば、せまい町中、それは誰知らぬ者もないわけで、狂人の意味は、若い女の身で山中に一人棲まいするという奇矯な行動のみをさしていわれたことではなかったとも考えられる。」

章子は白秋との離婚による失意から、いろいろの男出入りもあり、心身を病んだ。

「ははは上よあはれみたまへ　今日かくもうらぶれてはてかへるこの身を」

自分の心に真実一路の哀しい一生だった。

瀬戸内は自分の中にも章子をみて、彼女のオロオロ、ボロボロの人生を切々と描いた。

渥美清
映画「男はつらいよ　寅次郎紙風船」
日田市　一九八一年

「男はつらいよ　寅次郎紙風船」（一九八一年、山田洋次監督）は、寅さんシリーズの第二八作目である。

寅さん（渥美清）は久しぶりに葛飾柴又の「とらや」に戻り、柴又小学校の同窓会に出る。いじめっ子だったせいか、みんなに疎まれている。クリーニング屋をやっている安男（東八郎）に嫌味なことを言い、東から逆に泣きながら叱られる。

その失言のショックで寅さんはまた旅に出る。今度は九州、久大線と日田彦山線がつながる夜明駅（日田市）に、いつもの恰好、いつものトランクを携えて降り立つ。ホームの標識版に「夜明」の文字があり、下りは「てるおか」、上りは「ちくごおおいし」とある。久大線は三隈川の夜明ダムの真横を通る。夜明駅は大分県最西端の駅である。

本作のマドンナ役は音無美紀子さん、それにまだお若い岸本加代子さんも家出娘愛子で共演している。あとはいつもの「とらや」のメンバーである。音無さんは、寅さんと同業（的屋）の常三郎（小沢昭二）の若い女房光枝。常三郎は若い時からの「飲む、打つ、買う」の破天荒な人生のつけがたまり、病に陥り、医者にも見放されている。秋月の常三郎の家に見舞いに来た寅さんに「俺が死んだら、女房を頼む」と言い残す。

　ロケは夜明駅を皮切りに、うきは市、杷木町、田主丸、久留米水天宮、秋月界隈、柳川市で撮影されている。

　光枝は常三郎の葬儀を終えて東京に戻り、本郷の旅館で仲居として働きだす。寅さんに連絡をとる。寅さんは常三郎の遺言を真に受けて、約束を果たすべく彼女と所帯を持とうとしているが、夢は崩れる。

　寅さんはまた旅に出る。旅から旅へ、「渡世人の辛れぇとこよ」と独り言ちながら、今度は愛子のいる焼津へ向かう。

渥美清
映画「男はつらいよ　花も嵐も寅次郎」

杵築市、別府市、臼杵市、宇佐市、由布市
一九八二年

「男はつらいよ・花も嵐も寅次郎」（山田洋次監督）は、一九八二年（昭和五十七年）公開のシリーズ第三〇作である。動物園のチンパンジー飼育係三郎役の沢田研二、旅のデパートガール蛍子役に田中裕子。三郎は蛍子に好意を抱き、「僕と付き合ってください」というが、あまりに性急すぎる。寅さんが三郎にお付き合いのコツを教育するのだが、中々そううまくはいかない。三郎は蛍子の前に出ると、黙り込むか、飼育しているチンパンジーの話ししかしない。やきもきする寅さんは、この二人の仲を取り持とうと一肌も二肌も脱ぐのであるが、三郎がハンサムすぎてと、蛍子が二の足を踏む。この作品の寅さんは「キューピッド」役である。

この映画のありがたさは大分県内がふんだんにロケされていることだ。別府は鶴見岳、城島高原、別府湾ホバーフェリー乗り場、鉄輪温泉ほか。臼杵は磨崖仏あたりから、福良天満宮。安心院のアフリカン・サファリ。三郎と蛍子の出会いのシーンは湯布院町の湯平温泉。ここの宿が寅さんの定宿という設定である。

最も印象的なのは杵築の町である。寅さんと蛍子が杵築市内を見物して歩く。そこに三郎が偶然母の納骨で通りかかり、「塩屋の坂」で再会する。寺は養徳寺（杵築藩主松平家の菩提寺）、ご住職役は名優殿山泰司であった。大分県全体の良い観光推進映画ともなっている。映画ではもちろん二人は結ばれる。されども、この撮影で三郎（沢田研二）と蛍子（田中裕子）は出会い、実際現実にご結婚に至ったのはめでたいかぎりだ。

もちろん今でも二人手をとり合い、旅の途中である。うらやましいかぎりだ。

赤瀬川隼「捕手はまだか」

大分市　一九八二年

赤瀬川隼（一九三一〜二〇一五年）は大分第一高等学校（現在の大分上野丘高）の卒業である。弟は芥川賞作家の尾辻克彦（別筆名赤瀬川原平、一九三七〜二〇一四年）氏である。弟の刺激もあり、小説を書き始める。直木賞候補五回目の「白球残影」で第一一三回直木賞を受賞。作品には哀愁溢れる野球小説が多い。

小説「捕手はまだか」（第八八回直木賞候補作）は一見、モデル小説と誤解されそうだが、モデル小説ではない。旧制大分中学時代の思い出から発想した野球人生小説である。野球という青春時代に熱中したことへの郷愁と、友への思いやりと、三三年間という人生を戦ってきた野球少年たちの格闘が垣間見えるペーソス溢れる物語である。

野球にこだわることなく、学校を出て、就職し、妻を娶り、子を育み、やっと峠に差し掛かり、ちょいと後ろを振り返る。みんな元気でやってるか、ご両親は女房は達者か、そして俺たちもなんとか「いのちき（生活）」をしてこられたか、を振り返る文学である。

あらすじは次の通りだ。

一九四七年（昭和二十二年）、旧制中学

最後の甲子園を目指した南九州大会決勝は、大分中学vs臼杵中学、どちらも勝てば甲子園初出場となる試合だった。

　それから月日はたち、三三年ぶりに両校で試合をしようということになった。だが、皆に連絡はなかなか取れない。すでに鬼籍に入った者、住所の分からない者もいるからだ。それでもなんとか連絡を取り、試合の日がきた。残った者皆、全国から集まってきた。が、捕手の赤嶺の所在が分からない。彼はきていないのか。試合は進み、大分は三三年前と同じように臼杵に負ける。

　ところが実は赤嶺は来ていた。事故で右腕を失くし、左腕一つでひそかに二塁の塁審をしていた。心温まる、いい小説である。

劉寒吉「青の洞門」①

中津市　一九八三年

小倉生まれの作家劉寒吉（一九〇六～一九八六年、代表作「黒田騒動」）に、「青の洞門」（九州芸術風土記、一九八三年三月）という随筆がある。この文中、中津市の自性寺に触れている項で、興味深い記述を発見した。

「自性寺の門をくぐると、すぐ左手に織部灯籠がある。中津は有名なグレゴリオ・デ・セスペデスもいた古いキリシタンの町だったから、このような灯籠ものこっているのだろう」

織部灯籠は、キリシタン灯籠とも呼ばれる。

グレゴリオ・デ・セスペデス（一五五一〜一六一一年）はスペインはマドリードの生まれ。一五七七年、イエズス会の司祭宣教師として長崎に上がる。岐阜や大阪で布教し、黒田長政の招きで中津にレジデンシア（宣教師寮）を構え布教した。細川忠興公夫人ガラシャ（明智光秀の三女・玉）の洗礼師でもある。

黒田の後、細川が豊前の守となり中津に入城したが、グレゴリオが急死した翌一六一二年に、中津の教会も寮も破壊されている。急死の具体的なことは不明であるが、この時、忠興は幕府の命令で禁教に転じており、バテレン禁止令によることであろう。

一六六〇年にヨーロッパで刊行された「日本イエズス会の歴史」第四巻の地図の上に中津が出てくる。「Nacatzu」と記されている。豊前は「Bugen」と記されている。十七世紀、すでに中津は欧州でイエズス会の中で認識されていた。

当時、中津は日本でも重要なキリスト教布教の拠点だったのだろう。大分県北の小さな町だが、一五〇〇年代末にすでに欧州人がこの町を往来していた。

幼い頃、三ノ丁に「聖ヨハネ・ボスコ」教会があり、クリスマスイブの頃、教会にお菓子をもらいに行っていた。

劉寒吉「青の洞門」②

中津市　一九八三年

劉寒吉の随筆「青の洞門」の冒頭は、「この四月十八日、ある座談会に出席するために私は中津にいった。中津市は小倉から日豊本線で一時間半ばかりしかかからない」と書かれている。

劉は自性寺を見物した後、耶馬渓線のディーゼル車で耶馬渓へ向かっている。中津から約四〇分、洞門駅で下車している。荒瀬井堰、競秀峰、青の洞門、智剛寺、禅海洞を観光している。

ちなみに、菊池寛の書いた「恩讐の彼方に」はあくまで小説であり、フィクションである。

劉は「このあたりの岩質がいかに軟い集塊岩であるといってもひとりの力でできる工事ではない。おそらく多くの石工や土工が従事したに違いない。」と記し、長州府中の石工の棟梁「岸野平左衛門」の名を挙げている。

青の洞門は、古川古松軒（江戸後期の地理学者、岡山生まれ、一七二六～一八〇七年）の「西遊雑記」も紹介している。

古川の筆に拠ると、「この通行税だけで禅海坊は、のちに百両ばかりも貯えができた」と記している。

金儲けのあざとい坊主か、されどもあ

ざとさだけで三十年も岩を掘り続けられはしない。村人の難儀を思って掘り続けたと見る方が、美しい話である。通行者から一人四文、馬一頭八文はあまり聞きたくない話ではあるが……。

　いろいろな説があるなかで、劉も「廻国の行者禅海が、洞門掘貫の大誓願をおこした動機とその心境には不純なものはなかったに違いない、と私は考えたいのである」と禅海を擁護している。

　禅海の掘った隧道は今も残っている。明りとりの窓も手掘りである。小学校時代、この界隈でいつもキャンプをしていた。山国川、青の洞門、競秀峰、なつかしいなァ。

高杉良「生命燃ゆ」

大分市　一九八三年

　ビジネス小説の巨匠高杉良（一九三九年生）が描いた「生命燃ゆ」（一九八三年、日本経済新聞）は、命がけで大分に石油化学コンビナートを建設する男の話である。

　モデルの企業は昭和電工、小説では昭栄化学工業と著され、命をかけて造り上げた男は垣下怜、小説では柿崎仁となっている。

　柿崎は社運をかけたコンビナートの建

設に邁進する。完成させた後、次のミッションに取りかかるも病魔（白血病）には勝てず、「未練はあるが、悔いはない」の言葉を残し、四五歳の若さでこの世を去った。大分を舞台にした、男の中の男の生きざまを描いた小説である。

「（昭和）四十二年五月当時、大分はホテルも旅館もない田舎町であった。昭栄化学工業では、日豊線で大分駅から一駅の鶴崎駅に近い割烹料理屋『丸川』と契約し、『丸川』の別棟を借り受け、出張者の宿泊所兼単身赴任幹部社員の下宿に充てていた」

広大な土地の手当て、地元住民の理解、漁業関係への補償、エチレンプラントの設計建設、純正ポリプロピレン樹脂の製造、相次ぐ事故への対応などなど、柿崎は重い糖尿病を抱えながら、寝る間も惜しんで働き続ける。一期プラントを完成させ、第二期工事に入る。体調を崩し、県立病院に入院する。

「柿崎はあくる日の午前十時に、第三内科部長の高田博士の診察を受けた。（中略）高田は、柿崎の顔を見た瞬間、白血病患者だとぴんときた」

猛烈サラリーマンの時代である。ガムシャラに使命に挑戦する男、「我武者羅」、もうこの国では死語なのだろうか。仕事への責任感、完遂完遂、深夜までの残業、土日もない、若手の教育、勉強会、もうここまでの男は出ない。そんな猛烈時代が昔、日本にはあった。

立原正秋「大分の旅」

豊後高田市　一九八四年

立原正秋（「白い罌粟」で第五五回直木賞、一九二六〜一九八〇年）の美意識は厳しい。美しいものと美しくないもの、品格があるように見えても通俗世俗的なものは見分ける。小林秀雄を師と仰ぎ、世阿弥にも精通している。

立原が「大分の旅」（立原正秋全集第二三巻、一九八四年六月）という随筆を著している。

「私は真木大堂の木戸をあけてもらったとき、目前の仏像を見て、ああ、これだ！と思った。まちがいなくそれはみほとけであった」

これは彼の信心からくるのではなく、彼のもつ美意識からの言葉である。美しいものに飲まれており、飲まれている自分が恍惚に入っている。絶賛の導入部だった。

真木大堂は豊後高田市の古刹、立原は阿弥陀如来を筆頭に眼前の九体すべての出来の良さに見惚れている。木彫であることもさらに讃えている。阿弥陀如来像、持国天、増長天、広目天、多聞天の四天王像、大威徳明王、不動明王、二童子すべてを微細に記述し、とくに白牛にまたがった六面六臂六足の大威徳明王を、「実に折り目正しい怒りの形相」と記し感じ入っている。

衿羯羅童子《こんがらどうじ》、制吒迦童子《せいたかどうじ》にも感じ入り、制吒迦はもし自らの書斎におけたらとまで記している。富貴寺の大堂（阿弥陀堂）の安定感にも言及し、境内にある卒塔婆の素朴さにも感じ入っている。

「真木大堂の仏像にはもう一度会いに行きたい。正直に言って大分の田舎であれほどの美術品に出あえるとは考えてもいなかった」

立原ほどの美意識の男が、真木大堂の仏たちに心底魅せられていた。

ここには飛鳥や奈良に負けない、美しい御仏たちがやさしく静かに鎮座している。

尾辻克彦「超貧乏ものがたり」

大分市　一九八四年

尾辻克彦の大分での思い出を続けたい。「超貧乏ものがたり」の中に、「久し振りの坊主頭」というエッセイがある。

「大分には知らぬ間に住んでいた。気が付いたら大分の幼稚園にはいり、大分の小学校にはいり、大分の中学校にはいっていた。（中略）私が大分に住んでいたのは、終戦の八月十五日をはさむ十年間だった。（中略）今日床屋へ行った。

バリカンで坊主刈りだ。この間の夏に坊主刈りをはじめた、これで床屋に行くのは三回目だ。それまではふつうに髪を伸ばしていたので、バリカンを入れてもらうときにはちょっとひるんだ」

筆者も小学校の時、父の命令で丸刈りにされた。少し恥ずかしいような情けないような気になった。戦後の男児ならば誰しもご経験のあることでしょう。それでも尾辻はすぐに丸刈りに慣れて、少し伸びてくるとまたバリカンでバリバリと刈りたくなると記している。

「大分では小学校のときから、床屋の息子の雪野君と親友だった。（中略）いまは弟のタカシが大分で床屋を継いでいるといっていた。タカシちゃん覚えてるかなあ。ぼくはオツジなんてペンネームを使ってるけど、本名は赤瀬川です」

同本の中に「変貌する昭和の空の色」というエッセイがある。

「門司の次は大分に住んだ。（中略）八月十五日、私は国民学校の三年生だった。考えてみれば、この日が青空の極点にあったのではないかと思う」

尾辻はこの美しい青空をお正月の青空と表現している。原始の青空とも比喩している。尾辻の文章はつねに心優しく少し自嘲めいており、心におだやかにふりかかってくる。自然体の素敵な文章である。若い頃、彼は各地を転々としたが「大分が故郷」の作家だったと思っている。

松下竜一「潮風の町」①

中津市　一九八五年

筆者は一九九〇年十月二十三日、中津に帰省した折に、高校の先輩でもある松下竜一さんを訪ねた。すでに豆腐屋は廃業しており、豆腐作りの仕事場が書斎になっていた。

しばらくの懇談の後、お土産にと、「潮風の町」（一九八五年、講談社）の文庫本を頂いた。独特の右肩上がりの「竜一」の自署がある。「龍」の落款も打たれている。この文庫本は一八の掌編から成っていて、潮風漂う中津の町の人々や風景が爽やかにしっとりと描かれている。

中の「ちえかび萌えよ」の章に、

「北門の海に帰って来るかもめ達の故郷がどこなのか、冬の来るたび私はまわりの誰彼に尋ねてみるのだったが、知るものはいなかった」と記している。

ある新聞記事から、「かもめの故郷がカムチャッカや千島列島であることを知った」と松下は得心している。中津から出なかった男が、三千キロ以上を旅してくるかもめに思いをはせている。

「午後四時になると、私は郵便物を持って近くの局に出しに行く。そこから城下の二の丸公園を抜けて、北門の海のほとりで妻子の帰りを待つのが、いつからか私の日課になっていた」

この辺りは筆者も幼い頃に遊んでいた場所だ。北門橋から見る山国川や中津川の流れは美しく、遠くに八面山を仰いだ。松下はいつも夕刻に北門橋辺りをさすらっていた気がする。

「じっと家籠りして、卑小なおのが生活を原稿にし続けていると、いいしれぬむなしさと寂寥が私を侵しこんでゆく」

このうなだれた姿と心の正直さが、読む者の胸を打つのである。そして、松下に共鳴し憧れるのである。

今でも中津に帰省し、闇無浜神社にお参りに行く時、この界隈を散歩する。さびれているが、心安らぐ町である。

松下竜一
「潮風の町」②

中津市　一九八五年

松下竜一は結核病棟での話を、この「潮風の町」の「迷い子」の章で書いている。

「発熱ナシ、食欲トボシ　疲労、倦怠感ヤヤアリ　腹痛イマハナシ、但シ、下痢デハナイガ連日通便七度八度ニ及ビテ異常ナリ　尿中ニ白血球フエテイルトノコト」と冒頭に記している。

結核病棟の夜明けの悲しさをも描いている。

「結核病棟の払暁は、切れぬ痰を切ろうとする咳きの声々が窓から降って来てしらんでゆくのだ」

　筆者も学生時代、肺結核にかかり、二年間の治療をした。私の時代はすでにストレプトマイシンがあり、三日に一度注射した。パスとヒドラジッドを飲み続け、ただ東京の片隅の下宿でひたすら体を横たえていた。止まらぬ咳と切れぬ痰に往生したことを覚えている。

　松下は病院の庭にある夾竹桃に励まされている。

「この咲そめの頃のまだ花の少ない夾竹桃が私は好きだ。今夜風があって、細葉が月光を映してしきりに揺れている」

と描写している。

　この章では、幼い息子さんが松下に会いたくて病院に一人向かうが、途中、迷い子になっている。愛児の心の切なさと不安を思い、松下はトランシーバーをあがなう。松下が隊長となり、幼子が隊員である。

「エー、公園地に怪獣が現れてお城をこわそうとしている。ただちにケン隊員は出動せよ。公園地正面の石の鳥居から始まる石崖のあたりを捜索せよ。石に白い丸印がついている」

　この公園地は、中津城、中津神社前の広場だ。福沢諭吉の「独立自尊」の碑がある。筆者も幼い頃よく遊んだ思い出の場所だ。

松下竜一「潮風の町」③

中津市　一九八五年

松下の「潮風の町」の「公園にて」の章に、紙芝居屋さんのお話がある。松下竜一が和田公園のベンチに座っていると、ひとりの盲目の老人が隣に座った。和田公園は中津の北門通りにあり、明治大正期の日本経済界の大立者和田豊治（一八六一〜一九二四年）の生家跡である。

「私が幼い頃、塩町の横丁で毎日みんなと待ったあの紙芝居屋のおっさんに違いない。私達が熱中して紙芝居を観たのが、戦時中だったか戦争直後だったか、記憶が定かでないのだが、もうあの頃すでにこの人は若い紙芝居屋ではなかった」

松下はこの盲目の老人に、「あなたは、昔紙芝居をやってた人でしょ？……私は塩町の横丁であなたの紙芝居を毎日観ていたんですよ」と確認している。

筆者も小学校時代は紙芝居のとりこだった。中津駅前の蛭子町や、駅裏の原っぱで観ていた。たぶん、筆者もこの盲目のおじさんの紙芝居を観ていたんだと思う。

筆者は小学校高学年の頃、下校時、学校近くの製材所に寄り、杉の丸太の皮はぎの仕事をした。一本むいて三〇円、このお金で紙芝居を見ていた。

お金がなくてタダで見せてもらうには、早くその場所へ行き、おじさんから拍子木を借りて、町内の子供たちに知らせて回ればただで観ることができた。もちろん、水あめも舐めさせてくれた。

松下はこの盲目のおじさんにもう一度紙芝居をやってもらう楽しい企画をする。それを新聞記者に取材させ、写真入りで掲載させている。

「盲目の紙芝居屋、たそがれの公園で感動の熱演」の見出しとなっている。それ以後、おじさんは公園には現れなかったとある。和田公園での心温まる小さな小さな出来事である。

村野鐵太郎監督
映画「国東物語」

豊後高田市、竹田市　一九八五年

映画「国東物語」は一九八五年、村野鐵太郎監督作品である。大友義鎮（よししげ、後の宗麟）の若き日を描いている。ストーリーは少し史実とは異なるが、大筋は正しい。

「大友二階崩れの変」では、義鎮の父義鑑《よしあき》とその後妻、腹違いの幼い弟塩市丸を、重臣津久見美作守があやめる。美作には大分出身のにしきのあきらが扮しているが、これがきびきびとして俊敏で潔い。とても歌手とは思えない。

若き日の宗麟は、無名塾出身の隆大介である。後見を務める戸次鑑連（べっきあきつぐ、後の立花道雪）には葉山良二。大友の真の敵は誰なのか、周辺の武将ではなく、実は内部にこそ修羅がある。息子は父を殺し、兄は弟を殺す。そして従弟をも。乱世、戦国、下剋上時代の習わしである。義鎮は父と弟の屍の上に座っている我が身を嘆く。

ポルトガル船と、鉄砲欲しさに交易を始め、フランシスコ・ザビエルにも会う。不思議なことにワンシーン竹田の岡城が映る。侘しい城の絵が欲しかったのだろう。国東六郷満山が映る。義鎮と幼い頃から一緒に育った従弟の菊池武治は乱世を嫌い、仏の道を志す。武治は国東の山々で修業し、戦のない国を夢見る。従者に名優井川比佐志が扮している。

六五もの寺を持つ国東。映画にはふんだんに国東の名刹、古刹、石仏や滝が映る。富貴寺、両子寺と入口の仁王、石段、野仏、磨崖仏が活写されている。

武治と従者（井川）は国東の峰々を回り、峰入りも行う。冬の国東、雪景色と墨染の雲水衣との対比が実に美しい。武治は祈ることで平和を目指す。義鎮は鉄砲の力で理想の王国を目指す。結果、武治は義鎮の刺客たちに追われ、火の中に身を投じる。

仏光に満ちた国東の観光映画ともなっている。

赤瀬川原平
「少年とグルメ」①

大分市　一九八五年

赤瀬川（別筆名・尾辻克彦、第八四回芥川賞受賞）は幼い頃から中学校までを大分市で過ごしている。金池小、上野丘中学、舞鶴高校に入ってすぐに名古屋に引っ越している。

「少年とグルメ」（一九八五年、講談社）は、最初「ビックリハウス」に連載され、後半はユニオンクレジット情報誌「てんとう虫」に連載されたものである。

「濡れたセンベイ」の項に、

「戦後二年目か、三年目か、あるいは四年目のことかなのか、もう忘れてしまったけれど、私は大分市内に住んでいた。小学生の頃である。そのころは一日中ひもじかった。（中略）センベイ工場があったのである。その大分の我家から簡単に歩いて行ける場所だ。家を出て二、三百メートル行くと広い車の通る道路があって、そこに出るとセンベイの匂いがする。」

ここの工場で商品にならない壊れたセンベイを売店で皿盛りにして安く売っていた。赤瀬川少年は持っていた画用紙代で買い求め、家に持ち帰り、家人に分からぬよう、音をたてぬように食べた。口の中で唾液をほとびらかせて食するのである。とにかくひもじかったのだ。

「二人の叔父さん」の項に、

「食べた記憶で一番古いのは、別府の高級レストランである。大分に引越して間もなくのころだからもう四、五歳である。（中略）満州の弟一家の訪問を受けて、たぶん父も張り切ったのだろう。それで別府温泉に招待し、高級レストランに行ったのだ。」


ここで赤瀬川坊やはどうしてもコンソメスープが上手にスプーンで掬えずに、平たい器を両の手で抱えて飲んだ。見上げるとボーイがニヤッと笑っている。母親にたしなめられる。以降、部屋の四隅に立っているボーイの表情以外、料理の事は覚えていないと記している。

ナイーブな感受性の強い坊やだったのだ。

赤瀬川原平
「少年とグルメ」②

大分市　一九八五年

やはり「少年とグルメ」の中に、「納豆への道」というエッセイがある。

「納豆は少年時代の憧れでした。ぼくは九州の大分に住んでいたのです。そのころ大分には納豆なんて売っていなかった。」

「なっとぅ！」という語感の強さが、彼に非常に美味しいものを想像させていた。そのうえ、藁でくるんでいると聞けば、ものすごく高級な食べ物と思い込んでいたようだ。

名古屋に移ってからも体験せず、東京（武蔵野美大）に出てから、先輩の下宿で体験している。

「憧ればかりが長すぎて、初体験の感激がちょっとどこかへ消えてしまった。（中略）そういえば異性性器とのはじめての接近遭遇にも、このような幻滅と再生とがあったのではないでしょうか。」

もちろん、東京で自活を始めてからは納豆は大好きな食べ物となっている。

「そばの都、東京」の項に、

「そばもおいしそうだったな。日本そばである。これが九州の大分にはなかったのだ。うどんだった。おうどんである。（中略）そばというものはもともと食べたことがなかった。大分にはそば屋なんてないのだ。」

彼はそばもまた東京に出てから、その品の良いおいしさにふれて大好物となしている。しかし、当時、大分にも蕎麦屋さんはあったでしょう。もっと田舎の中津でさえ、筆者の幼い頃にありましたから。

「りゅうきゅうとコンニャク」の項では、「大分では薩摩揚のことを天ぷらという。」と記している。これは正しいなあ、筆者の中津でも、あれを天ぷらと呼んでいた。学校の帰り、揚げたての熱々を魚屋さんの軒端で食べるのは美味しかった。魚屋さんが揚げていた。冷えてからもちょいと醤油をかければ、立派なご飯のおかずになった。

黒澤明監督
映画「乱」

玖珠郡九重町、由布市　一九八五年

映画「乱」（黒澤明監督）が作られたのは、クランクインは一九八四年（昭和五十九年）で、封切は翌八五年だった。

原作はシェークスピアの「リア王」であり、三人の娘との確執の問題であるが、黒澤は毛利元就の「三本の矢の訓え」より、娘を三人の息子に変えている。父秀虎に仲代達矢、長男太郎に寺尾聰、次男次郎に根津甚八、三男三郎に隆大介という布陣である。要領のいい長男と次男は父に従うと見せかけて、裏切って行く。率直に真実を語った三男は父の勘気にふれて勘当となり、隣藩の藤巻氏（植木等）を頼る。

長男と次男は父を追放し、父は次第に狂い始める。そこに助けに現れるのは勘当をした三男だった。長男は戦いで死に、長男の正室は次男をたぶらかし、黒い罠を仕掛けていく。

次郎軍vs三郎軍の決戦。

玖珠郡九重町飯田高原から、庄内町阿蘇野（由布市）を使っての大戦さが再現される。一般募集のエキストラ約一〇〇〇人、用意された馬約二〇〇頭、最近の足の細いアラブ種やサラブ種ではなく、戦国時代に近い脚太の馬が使用されている。戦さに二日間かけたと聞く。大変な撮影であったことがスクリーンからも想像がつく。

父仲代が太郎と次郎より城を追放されてからのさ迷い放浪呆気のシーンも、ここ飯田高原で撮影されている。

人間の心は醜いもので、兄弟牆《かき》に鬩《せめ》ぐどころか、父子もまたである。富や権力の奪い合う浅ましき人間たちの末路を描いた現代にも続く家族の話しになっている。シェークスピアの「マクベス」であり、「リア王」であり、妻に操られていく「蜘蛛巣城」（黒澤明監督）とも地下水脈は通じている。

人間はおろかな生きものである。

溝口薫平
「小林先生と由布院」

由布市　一九八五年

小林秀雄（文藝・美術・音楽評論家、一九〇二～八三年）は京都が好きだった。毎年のように桜見物は今日出海（作家評論家、初代文化庁長官、一九〇三～八四年）ご夫妻と京都に上っていた。ところが、晩年一〇年ほどは、京都より由布院に魅せられ、ご家族で由布院盆地を訪れていた。

小林と云えば、筆者ごとき小僧は、彼の論の明哲さ、一切受け売りのない高邁さ、独立性、持論の背骨の通り方に、「神様」のように遠く憧れていた。

溝口薫平（一九三三年生、由布院玉の湯主人）氏が書いた「小林先生と由布院」（岩波書店「波」、昭和六十年二月）というエッセイがある。

「今、私の部屋には、小林秀雄先生の『頭寒足熱』という、あのなつかしい字がかかっている。昭和四十八年秋、初めて由布院を訪れられた時に残されたものである」

「それから約十年、年に一度、ないし二度、小林先生は由布院へおいでになった。（中略）由布院に着かれると、草だんご、柚子ねり、草餅あられといった自家製のお茶菓子で一服され、町内の散歩に出られた。私の宿から歩いて一時間位の距離がそのコースで、池で鯉を飼っている人と話されたり、少しずつ変っていく町のたたずまいに悲喜こもごもの思いを話されたりして、由布院の空気に親しまれた」

もちろん溝口さんは旅館「玉の湯」の御主人である。初めて小林先生からご予約を受けた時の、喜びと驚きと興奮の心模様がこのエッセイに丁寧に著されている。

小林先生が金鱗湖の回りを奥様と散策されていた姿が浮かぶ。小林の晩年は京都より由布院を愛してたようだ。

すごい人が来ていたのだ。

木下恵介監督
映画「新・喜びも悲しみも幾年月」

佐伯市　一九八六年

一九五七年（昭和三十二年）の「喜びも悲しみも幾年月」（木下恵介監督、主演高峰秀子、佐田啓二）では、豊後水道の水ノ子灯台は一瞬写るだけでドラマに関与してこない。一九八六年（昭和六十一年）の「新・喜びも悲しみも幾年月」（同監督、主演加藤剛、大原麗子）では、この水ノ子灯台にドラマを付けている。

水ノ子灯台（佐伯市、一九〇四年初点灯）は、豊後水道の荒々しい潮流に翻弄される、ほんの小さな島に建っている。灯台の高さは島の高さより高い。表面に微妙な凹凸のある素敵な石造りで、白と黒のツートンカラーが美しい。

この島の船着場からの坂道で、小松次長役の小坂一也、長尾役の田中健、由起子役の紺野美沙子が出会うシーンを撮影している。快晴の良い日で、いっそうこの灯台の美しさを際立たせている。

秋、この島が台風に襲われ、灯台守の小松と長尾は内部に侵入する大水、暴風と格闘する。生き延びた長尾は由起子と所帯を持つことを決意する。

バックにあの主題歌がかかる。

♪俺ら岬の　灯台守は　妻と二人で
沖行く船の　無事を祈って

灯をかざす　灯をかざす（詞曲　木下忠司）

第一作もそうだが、日本中、東西南北の灯台に転勤し、船の安全を守る灯台守と、その家族の成長を木下監督は描いているが、そのテーマはもっと普遍的である。親子、子育て、夫婦、若さから老いへ、ケンカしながらも、夫婦で共に力を合わせて人生の荒波を越えて行く。普通の市井の夫婦にも共通するテーマだった。久しぶりに観直すと感慨にふける良い作品である。

他にも空撮で、姫島灯台（東国東郡姫島村、一九〇四年初点灯）や、別府市、大分市も映っている。

若杉光夫監督
映画「星の牧場」

玖珠郡九重町　一九八七年

映画監督の若杉光夫は一九二二年（大正十一年）十月、別府市の生まれである。市立別府中学に通ったあと、旧制七高（鹿児島）から、京都帝国大法学部に進み、卒業後、大映京都撮影所監督課に採用された。

すぐに黒澤明組となり、「羅生門」（一九五〇年制作、原作芥川龍之介「藪の中」）のセカンド助監督に付いた。三船敏郎、京マチ子、森雅之、志村喬、千秋実といった名優たちと仕事をしている。この作品はヴェネチア国際映画祭金獅子賞に輝いた。レッドパージで大映を追われ、劇団民芸の演出部に入る。社会正義みなぎる作品を作った反骨の人である。

彼の著書「演劇のすすめ」（玉川大学出版部）の中に、「生きがいとは何だろう」と題したエッセイがある。

「学友の多くは、死に、ぼくは生き残った。火の玉のように押し進めた、反戦平和の学生運動、労働組合運動、劇団民芸に参加してからの映画づくり、舞台づくり――活動そのものがぼくの生きがいであった」

同じく「書くということ」の項に、「戦後三十年、ぼくは描くべき青春の像に迷っている。謳い上げるべき愛の姿を見失ったようだ」と述懐している。

その答えを出すように、一九八七年（昭和六十二年）、飯田高原を舞台にして、「星の牧場」（原作庄野英二）を撮った。庄野は児童文学者で、作家庄野潤三の兄である。

主演は寺尾聰、檀ふみ。若杉は迷いながら、彼が理想とする人のあるべき姿を撮った。戦後、復員した兵、記憶を失っているが、愛馬のことだけは覚えている。美しい飯田高原が描かれた反戦映画でもある。

若杉光夫、大分県が生んだいぶし銀の名監督である。

降旗康男監督
映画「別れぬ理由」

由布市　一九八七年

映画「別れぬ理由」は一九八七年（昭和六十二年）の作品である。原作は渡辺淳一（一九三三〜二〇一四年、直木賞作家、代表作「失楽園」）、監督は降旗康男（代表作「駅」「冬の華」）、撮影監督は木村大作と、そうそうたるスタッフである。主演津川雅彦は大病院の医師速水修平役、その妻三田佳子は雑誌記者の速水房子役である。速水は会員制スポーツジムで知り合った人妻（南條玲子）と浮気をしており、妻房子は雑誌社のカメラマン（古尾谷雅人）である若いつばめと不倫中。まさに渡辺ワールドの作品である。

速水が愛人と北海道札幌旅行をすると き、房子も仕事を兼ねてカメラマンの若いつばめと由布院の取材旅行に出る。房子とカメラマンは由布院の川上の小川の土手を歩いている。ビードロ工房を取材し、金鱗湖が映る。天祖神社側から撮影されており、湖中の石の鳥居を美しく捉えている。湖面を少し重く撮る。木村らしいカメラワークだ。対面の下ん湯や、足湯あたりもきちんと抑えている。

二人は夜、湯の岳庵のいろり端で食事をし、亀の井別荘に同宿する。夏場であり蚊帳を吊っている。これは二人をぼかすための技術であろう。たしか、夏でも由布院で蚊帳を吊られた記憶は筆者にはない。木村撮影監督はカメラをパンして、庭のアジサイを美しくあでやかに撮っている。

　映画の内容は新しい中年夫婦像で、お互い愛人がいることを許容しあって、別れることなく夫婦を続けていくのである。仮面夫婦とは違う。騙しあっているのではない。ポリアモリー夫婦かもしれない。

　速水のせりふ、「別れるのは、めんどくさいもんなぁ、オレにはもう別れる情熱もないよ」

　速水の愛人岡部葉子のせりふ、「私だって、浮気だから楽しいのかもしれませんね」

　割り切った夫婦、仮面よりこれが「実面夫婦」なのかもしれない。

司馬遼太郎「街道をゆく　中津・宇佐の道」①

中津市　一九八八年

　子どもの頃、中津城は無かった。天守閣は一八七七年（明治十年）、増田宋太郎一派が火をかけて燃やしたものだと思っていた。春の市の公園地（中津城下の広場）で遊び、向かって左手奥の石垣の下には中津川に抜けるトンネルがあった。それも今は閉鎖している。

　一九六四年（昭和三十九年）、高校一年の時に中津城天守閣は出来上がった。落ち着いた城下町としての誇りがみなぎっていた。

しかし、司馬遼太郎は「街道をゆく」（一九八八年、週刊朝日）の中で、

「黒田時代に天守閣はあったか、ということは、江戸時代から論議されていた。なかった、という説が多い。」

「筑前福岡の黒田藩の儒者貝原益軒（一六三〇～一七一四年）は元禄七年（一六九四年）四月一日に福岡を発ち、豊前・豊後といういまの大分県を旅行して、『豊国紀行』という旅行記を書いた。そのなかに中津城につき、『城は、町の北、海辺に在て、天守なし』と、書いている。ところが、私ども（司馬氏一行）が城址の小さな公園に入ってすすむと、川を見おろす片隅ぎりぎりの場所に天守閣がたっているのをみて、おどろかされた。（中津というのは、そんな町か）と、この町を尊敬しているだけに、かすかながら興ざめた。」

司馬氏はなかなかに厳しい言葉を残している。

黒田家一三年、次の細川家も天守閣は造らなかった。後の小笠原家は八〇余年、一七一七年（享保二年）から一八七一年（明治四年）までは奥平家となる。扇城、扇の城と呼ばれたが、石垣と館のみで、天守はなかった説の方が正しいのだろう。

中津出身としては寂しくもある。

司馬遼太郎「街道をゆく　中津・宇佐の道」②

宇佐市、中津市　一九八八年

幼い頃、大みそかも深夜一二時前に家族で家を出て、宇佐神宮に初詣に向かった。着く頃には新年となっており、境内左側の白馬を愛で、百段を上がり、まず上宮からお参りする。上宮が終わると、裏手の階段から下り、下宮をお参りした。

門前町のうどん屋でおうどんを頂き、宇佐飴を買ってもらったまでは覚えているが、あと何うやって家まで戻ったかは記憶にない。たぶん、父の背中で眠りこけていたのであろう。

司馬遼太郎の「街道をゆく」に次のような一文がある。

「私ども（司馬氏一行）は、宇佐神宮の社にいたった。まことに雄大な神聖森林で、まわりは堀にかこまれている。表参道をとおり、堀を見、かつ朱塗の橋を渡ると、大いなる朱塗の鳥居の前に出た。」

「くぐると、池がある。この神は池を好むのである。薦神社（中津市大貞）のご神体が池（みすみ池）であることを思いあわせた。池は、いうまでもなく、農業用の用水池を象徴するもので築堤能力をもつ秦氏（渡来人）の氏族的象徴でもあったろう。」

もともと農業の神であったようだが、

八幡（幟り旗）を飾りめぐらすことで、徐々に戦の神様に変貌していったのであろう。薦神社のご神体は池だが、宇佐神宮のご神体は「御許山《おもとさん》」という山である。別称、大元山、馬城峰とも呼ばれた。

干潟で有名な「和間ノ浜」のことも書かれている。

「河中につき出て水に浮いたようにして建てられている小さな殿舎があり、浮殿《うきでん》という名がついている。」

幼い頃、白砂青松の和間ノ浜には家族親せきで、潮干狩りに行っていた。ずいぶん、宇佐神宮にもお参りに行ってない。行かなくては。

Ⅲ　平成・令和期

平成前期（東日本大震災以前）編

渥美清
映画「男はつらいよ　寅次郎の休日」①

中津市、日田市　一九九〇年

フーテンの寅さんシリーズ第四三作「男はつらいよ　寅次郎の休日」（山田洋次監督、一九九〇年）のタイトルバック、寅さん役の渥美清が渡る橋がある。

耶馬渓立留りの景をバックに従えた五連アーチの「馬渓橋」（中津市）である。この橋は全長八二・六メートル、幅一三・九メートル、一九二三年（大正十二年）に完成した。この橋の後、沈み橋で有名な八日市橋（中津市耶馬渓町）を行く。橋表が水面に近い橋で、沈下橋、潜水橋とも云われる。

この橋を寅さんはくだんのトランクを提げて、ゆっくりと歩き、またたたずんでいる。耶馬渓の守実地区が映る。

この時代すでに渥美さんは、妹さくらの息子満男君こと吉岡秀隆に徐々に代替わりを始めており、後見的役回りで出演している。満男君はもう大学生である。

四三作目は、第一作からすでに二一年の歳月が過ぎており、当たり前である。この作品あたりから、寅さんの細い目はより細くなり、顔の生気に翳りがみられる。すでに六三歳の時で、満男と泉ちゃん（後藤久美子）の仲を心配する伯父さんである。舞台は主に日田と天ケ瀬温泉で、日田祇園がスクリーンいっぱいに映し出される。全国に日田観光高揚となった作品である。

それにしても中津の山国川にはいろいろユニークで面白い橋がたくさん架かっている。あと八連アーチの耶馬渓橋（本耶馬渓町）や、石橋アーチの念仏橋（山国町）も面白い。

二〇一二年（平成二十四年）の九州北部豪雨で多くの橋が損壊したが、今では修復され通ることができる。耶馬渓の橋巡りもまた、中津の観光資源であろう。もっともっと、ロケ隊に来てほしい「日本新三景」の一つである。

渥美清
映画「男はつらいよ
寅次郎の休日」②

日田市　一九九〇年

男はつらいよシリーズ第四三作「寅次郎の休日」(山田洋次監督)は、日田市が主舞台である。日田市観光に多大な効果があったと思う。

四三作目ともなれば、渥美清から甥っ子の満男役吉岡秀隆への代替わりを思わせた。満男のマドンナ(後藤久美子)が、母と別れた父親を訪ねて日田までやって来る。満男もマドンナのことが心配で日田まで同行する。父親役に寺尾聡、その同居人に宮崎美子という布陣である。

二人は日田祇園の真っ最中に日田に着く。とはいっても、夏祭りではなく、秋祭りに変えられている。三隈川と亀山公園がよく映る。川面に映える亀山の木々の緑が美しい。

次にカメラは花月川に架かる御幸橋方向に向けて、豆田の町並みを映す。父は同居人が営む薬局店で一緒に暮らしている。国指定重要文化財「草野本家」あたりを中心に、四〇〇年からの歴史を持つ豆田の白壁、黒壁、なまこ壁が映し出される。丸の内にある浄土宗大超寺周辺でもロケされている。

寅さん(渥美清)は後見役でちょいと出るだけ、父親の元妻役夏木マリにほれるという設定である。中心に据えられているのは満男とマドンナ。二人の甘酸っぱい青春ドラマとなっている。あの満男がこんなにも大きくなったのだ。

日田温泉・隈にある日本料理屋「春光園」の石垣のシーンも、前が三隈川で情緒がある。天瀬町の「旅館本陣」や、最終シーンでは、玖珠町の「亀都起《きつき》神社」で、寅さんがお正月の「初売《バイ》」を大きな石灯籠の横でやっている。すぐ近くに伐株山《きりかぶやま》があり、遠くに九重山群を望む。

寅さんは松の内が終われば、またいずこの空の下に旅立つのだろう。日田界隈近郊ふんだんの映画だった。

遠藤周作「王の挽歌」①

大分市、杵築市、国東市　一九九二年

「王の挽歌」（一九九二年、新潮社）は、「沈黙」「海と毒薬」などで知られる遠藤周作の晩年の作である。彼はキリスト教をテーマにした作品が多い。下剋上の戦国時代、キリシタン大名大友宗麟に着目したのは、遠藤の生涯のテーマからして必然だったと云えよう。

宗麟こと五郎は幼い時から腺病質で、非力で、馬も刀も弓矢も不得手である。

父の義鑑は嫡男である彼に家督を継がせまいと遠ざけていたが、かの有名な「大友二階崩れの変」が起き、宗麟が当主となる。大友家のお家騒動であり、義鎮（宗麟）派が殿である義鑑と、その側室の子塩市丸を殺め、大友家の家督を宗麟が継いだ。長男派のクーデターである。

府内に居たポルトガル商人アラゴンがマカオの友ファリアへ送った手紙には、

「この府内では昨年、家臣の謀反が起り、領主は重傷を負った後に死亡、家督は貴君も御存知の若き長男が引きつぎました」とある。

当主、御屋形様となってから宗麟は人が変わってくる。重臣たちを巧みに操るようになり、大内と組んで謀反を起こしそうな国東の田原家からわざと嫁をとる。

「正室矢乃を迎えて柞原八幡神社（現大分市上八幡）で荘重な婚儀がとり行われた。（中略）田原親賢の妹を娶ったことによって宗麟は先祖代々、警戒心を抱きつづけた田原氏を強力な後ろ盾にすることができた」

この後、宗麟は山口に来ていたザビエルを府内に呼ぶ。ポルトガルと交易し、鉄砲や火薬を手に入れる。代わりにザビエルには府内での布教を許した。

正室矢乃は奈多八幡（杵築市）大宮司の娘であるから、大友屋敷では「奈多の上様」「奈多の局様」と呼ばれていた。宗麟はキリスト教と、神道の娘である嫁のはざまで、懊悩苦労することとなる。

遠藤周作「王の挽歌」②

大分市、杵築市、速見郡日出町　一九九二年

筆者は、奈多の浜辺（杵築市）には小学校時代、臨海学校でよく行っていた。宗麟の嫁がここから出ていたとは、遠藤の「王の挽歌」で知った。

宗麟とザビエルは府内で出会う。宗麟二一歳、山口にいたザビエルを府内（大分）に招いたのだ。

「あの日はとりわけ暑かった。海は照りかえり府内は蝉の声だらけでした。あとで知ったのですが、ザビエル神父と三人の日本人信者とは大理石の聖像や祭具を入れた袋を背負い、日出の背後にある細い山道を汗にまみれて降りました」

宗麟とザビエルは交易や居住地、布教、そしてキリストの話しをする。布教は許可したが、宗麟はキリスト教に自ら入信することはまだ拒んでいる。

「余がもし尊師（ザビエル）の宗門に入れば仏教徒の家臣たちは当惑致すであろう。とりわけ余の室は国東でも名のある神社の出である。妻は余が異国の宗門に入ることを悦ぶまい」

遠藤は、この国で一気に信徒が増えぬザビエルの焦りを描いている。浄土を天国とし、大日如来を神と置き換えていく日本人への布教に悩んでいる。ザビエル

はコーチン（インド南部）へ戻るという。去るにあたりザビエルは宗麟に訊く、

「殿が私をこの府内にお招きくだされたのは、御領国を交易で富ませるためでございますか、それとも……御自分の心の救いを求めてでございますか」

直截的にしかも核心を突いた質問をする。心の救い、罪と愛、他者のために命を捨てることを愛、とザビエルは宗麟に説き、秋の季節風の吹き始めに府内の沖の浜から日本を去っていく。わずか二ヶ月間の滞在であり、布教であった。

宗麟の脳裏にザビエルの姿、言葉が生涯刻み込まれた。

遠藤周作
「王の挽歌」③

臼杵市、大分市　一九九二年

宗麟は六か国を支配する太守でありたい野心と、清らかな世界への憧れを持っていた。常にザビエル師の孤高な姿を思い浮かべながら、時に黒い衝動にかられ、「余は一体、何者なのか」と自問自答していたと、遠藤は描く。多くの戦で多くの者を殺し、その報いとしての死への恐怖や裏切り、謀反、人間不信に脅かされていた。

宣教師トルレスが肥前の大村へ去るという。布教の中心地が府内から大村に移れば、ポルトガルとの通商も途絶えてくる。宗麟は自らも府内を去り、臼杵に移ろうと考えた。建前は隠居出家である。府内は四歳の長寿丸（後の大友義統）に与えるという。

サンチェス修道士からトルレス神父に宛てた手紙がある。

「彼（宗麟）は基督教嫌いの家臣に迎合するよう突然、シュッケ（出家）してボンズ（仏僧）のごとく頭をそりました。そうすることでボンズや異教徒である彼の家来たちの人気を恢復しようとしたのです」

府内から七里の臼杵。

「臼杵は青い海に面した美しい漁村です。その海に陸から僅か離れた円形の丹生《にゅう》島という島があり、そこに豊後王の館と砦とが作られています」

宗麟は臼杵でも修道士たちの居住と布教を認めている。が、本人は入信しない。弟を囮として使い死なしめ、部下たちを操縦しながら、太守にまで上り詰めたが、いつ謀反が起こるかもしれない。

「大友二階崩れの変」から、父を殺し、弟を殺し、権謀と下剋上と手練手管、部下たちの操縦、仏の道、妻の神道、そしてキリスト教の狭間で、心は千々にもつれていた。

ザビエル師を尊敬しながらも、今生の欲望と野心にまみれている。彼に心の安寧はなかった。

遠藤周作「王の挽歌」④

津久見市　一九九二年

大友は薩摩と戦うことになる。

豊後国内は宗麟の次男親家が洗礼を受けたことで、また仏教徒と切支丹との反目が勃発していた。いつまた毛利が攻めて来るか、南から島津が攻めて来るか、内憂外患だった。

ついに宗麟は受洗する。四八歳の時である。やっとすべての欲望からふっ切れたのであろう。洗礼名は尊敬するザビエルにあやかり、フランシスコとした。妻を離縁し徐々に大友家は内部分裂から衰退を始める。島津に敗れ、龍造寺隆信が反乱、その頃、津久見に隠遁していた宗麟は、すでに家督を義統（後の吉統）に渡しており、御屋形様でも守護でもなかった。

大友は、南は島津、北は毛利、西は龍造寺になびく国人らに、三方から攻められていた。やがて立花道雪も高橋紹運も失い、宗麟は関白秀吉に頼るしか生き延びる道はなかった。秀吉の大軍が来るということで、府内を占領していた島津義弘軍は退却を始めた。

宗麟は人と戦さに草臥れ果てていた。

「余は何もいらぬ。この津久見の小さな小さな土地だけで生きるに事足りる」

「臼杵とも山で遮られ、丘に囲まれたこの津久見は心を乱すものはない。余の終の場所に相応しい。神は余にささやかだが心安まるこの土地をくだされた」

「日本最初の切支丹禁教令布告の一カ月ほど先だつ深夜（フロイスの『日本史』によると西暦一五八七年六月二十八日、日曜日の真夜中すぎ）、宗麟はこの世の旅を終えた」

若い時から数々の権謀術策の中を生きぬいてきた男であった。

遠藤は宗麟の生涯の正と邪の葛藤をこの豊後を舞台に書き上げた。宗麟の墓はキリスト教式墓碑で津久見にある。

中江有里
映画「奇跡の山　さよなら、名犬平治」
玖珠郡九重町　一九九二年

筆者はくじゅう連山に登るとき、必ず長者原ヘルスセンター（九重町）の駐車場に車を置き、入念に準備運動を行ってから入山する。

準備運動の場所は名犬「平治号」の像の前である。

一九九二年、「奇跡の山　さよなら、名犬平治」（水島総監督）が封切られた。主人公牧村敦子役に、今は書評家、コメンテーターとしても名高い中江有里、その父親役に渡瀬恒彦、祖父役に菅原文太と錚々たる俳優で固めている。

敦子の母は離婚やいろいろの失敗が積み重なり、御池で入水自殺をしている。のちに事故だと分かるのだが、父は再婚し、新しい妻との間に子ができる。両親のゴタゴタで、敦子は失語症になる。御池のそばに捨てられていた仔犬を祖父といっしょに育てていくうちに、くじゅう連山の自然の力と、仔犬平治のかわいらしさ、賢さ、祖父の愛情に育まれ癒されて、失語症は徐々に治癒していく。

ロケはスガモリ越えから、旧すがもり小屋、北千里浜のケルン、御池の周り、雨ヶ池の木道、法華院、平治岳、大船山と、約三〇年前のくじゅう連山がふんだんに映し撮られている。

徐々に父と娘は和解し、病も癒えて、くじゅうを去るまでのお話である。最後、平治号は四匹の子供を連れて見送る。すでにおとなの白い秋田犬に成長している。

筆者が中学一年（昭和三十六年）の時、すがもり小屋はできた。ここで一休みして、ラムネを飲み、リュックを置いて、三俣山西峰に駆け足で登っていた。愛の鐘を突いた覚えもある。くじゅうのガイド犬平治号の名は「へいじ」と男っぽいが、メス犬である。

また平治の像に会いに行こう。

そして雨ケ池コースで坊ヶツルへ出て、なだらかにやさしい平治岳に登ってこよう。

澤井信一郎監督
映画「わが愛の譜　滝廉太郎物語」

竹田市　一九九三年

滝廉太郎を主役にした映画作品がある。「わが愛の譜《うた》　滝廉太郎物語」（一九九三年、東映）である。監督はこの作品の二年前に中津の「福沢諭吉」を撮った澤井信一郎。当時、「極道の妻たち」や「あぶない刑事」で観客を集めていた東映にしては珍しい偉人伝物である。

映画「福沢諭吉」（一九九一年）の方は、下級武士上がりの諭吉（柴田恭平）と、ライバル家老職奥平外記（榎木孝明）との葛藤映画であり、中津ロケはない。外記は架空の人物であり、どうも奥平壱岐がモデルのようだが、これも事実とは異なる。福沢が作った慶應義塾初代塾長は中津出身の浜野定四郎（中津出身、一八四五～一九〇九年）だが、中津藩中屋敷（築地鉄砲洲）に開かれた蘭学塾にまで遡れば、初代塾長は岡本周吉（中津出身、一八三七～七七年、後の名を古川節蔵）で、映画では勝野洋が演じている。

二年後、澤井監督は再び大分県の作曲の天才「滝廉太郎」（一八七九～一九〇三年）に挑む。廉太郎没後九〇年の記念作品だった。廉太郎に風間トオルが扮する。

この作品も東京音楽学校時代とドイツ留学時代が中心で、日出町も大分市のロケもない。しいて上げれば、胸を病んでから療養する竹田市と「荒城の月」のイメージ、岡城址でのロケはある。これも事実とは異なり、廉太郎は大分の両親妹らの暮らす実家（大分市府内町）で療養し、家族の看護の甲斐もなく夭折している。

亡くなる前に作曲した「憾（うらみ）」という曲がある。「うらみ」と云っても、よく云うところの「恨」や「怨」ではない。前半部はこの世への感謝の心を思わせる。後半から最後への曲想の激しさは、自らの生のふがいなさ乏しさへの「うらみ」を感じさせる。大分県人としては、「荒城の月」同様に、時に聴きたい曲である。

いまは日出町の龍泉寺に眠っている。

筑紫哲也
「筑紫哲也のき・ど・あい・らく」

日田市　一九九四年

筑紫の生まれは一九三五年（昭和十年）日田市である。

当時、日田郡小野村の北小野国民学校を卒業し、東京に戻る。国民学校時代は祖母と二人暮らしだったようだ。

著書「筑紫哲也のき・ど・あい・らく」（一九九四年、晩聲社刊）の中に、

「家の向かい側に小さな祠があった。田んぼのなか、川岸に近い所にぽつんと

建っている祠を村人たちは観音堂と呼んでいたが、（中略）家を出て小さな橋を渡り、そこに出かけては仲間と遊んだり、ひとりで軒先の縁側でひっくり返ったりしていた。（中略）小学校を卒業すると、私は本物の都会（東京）の親許へ戻った。」

「村での少年時代、私は本への飢えで苦しみ続けた。もともと絶対数が少ないのに、出征兵士への慰問袋に入れるために村中の本が供出を命じられたという事実が重なった。」

筑紫は幼い頃から本好きの少年だった。のちに故郷への恩返しとして、小野小学校の校歌を作詞している。

♪清き小野川　水温み　梨の花咲き乱れ　戸山の森の木のかおり我らの学舎ここにあり　ああ　ああ

小野　小野小学校

ニュースキャスターとして著名となり、人気コーナー「多事争論」で世情を鋭く切ってきた。このキーワード「多事争論」は中津出身の福沢諭吉著「文明論之概略」（一八七五年）の中の福沢の造語から頂いている。

筑紫の著「この『くに』の面影」（二〇〇九年、日本経済新聞社刊）の中に、「たった一つの説は、それがいかに正しくても、それが一つであるがゆえに自由な気風を生まない、いろいろな人間のたくさんの意見を論じ合うほうがいい」の考え方を示している。

日田を愛した男、七四歳（二〇〇八年）とはあまりにも早い死だった。

林真理子「白蓮れんれん」

別府市　一九九四年

林の「白蓮れんれん」は一九九四年（平成六年、中央公論社）の上梓である。

とくに戦前まで日本は男尊女卑の国である。どんな高貴な華族の出身でも、底辺卑賤の出も、女性はどこか男の愛玩物として扱われてきた。

林真理子が多くの資料を得て、柳原白蓮を伊藤初枝の目を通して描きあげられている。初枝は伊藤伝右衛門の父親伝六が還暦近くになって、村の器量良しに産ませた子で、伝右衛門とは異母兄妹となるが、歳の差もあり娘みたいなものである。白蓮が飯塚に嫁いでから、ひとり気を許した存在である。

白蓮に勧められて初枝は別府へと行く。

「迎えの車がゆるゆると別府の坂をあがっていく。夏の陽ざしは海に反射して、再び細かい粒子となって空中に飛び散っているようだ。別府の町は明るくきらめいていて、木々の緑まで色濃く力強い。」

「伝右衛門が別府に広大な敷地を求め、建設に取りかかったのはおととしのことだ。総檜づくりのまるで天子さまの家のようだと別府っ子たちが噂するその家を、初枝はまだ一度も見ていない。」

幸袋（飯塚）の家も豪邸だが、別府はま

た特段に贅沢で豪奢である。往来の通りから一〇〇メートルも入ってやっと門に到達する。門からまた玄関までが遠い。初枝は白蓮に迎えられ、まずお風呂を勧められる。船大工の手になる豪勢な湯殿である。

白蓮は江湖に「筑紫の女王」と呼ばれ、歌人としても揚名していた。多くの超一流の文人墨客をこの赤銅御殿のサロンに招いていた。ここで出会ったのが宮崎龍介（宮崎滔天の長男）、彼とゆくゆく駆け落ちをすることとなる。

龍介の父滔天は、頭山満の右腕であり、中国革命の父といわれた孫文を支えていた。

藤山直美
映画「顔」

別府市、東国東郡姫島村　二〇〇〇年

日本中を逃げ惑う妹殺しの姉正子役に藤山直美。日本中を一五年にわたって逃げ回った福田和子事件を土台にしている。「顔」（坂本順治監督）は日本映画史上屈指の出来栄えで、二〇〇〇年度の日本有数の映画賞を総なめにした。

大阪のクリーニング屋、引きこもりの気味の姉（藤山）は母の死後、そりの合わない妹（牧瀬里穂）を殺し逃亡する。

ラブホテルの清掃作業員ほか、あまり身元を詮索しない仕事につき、徐々に人間と世間を知り、これまでの引きこもりの暗さから脱却し、生きていくことに前向きになっていく。

大阪を脱出し、九州へと逃げる。小倉から日豊線に乗り換え、電車はたぶん「にちりん」だったと思うが、車内で声をかけてくれた男（佐藤浩市）に憧れ、彼が下車した別府で下りる。

別府駅が映る。この町でスナックのママ（大楠道代）に拾われ、店のホステスとなる。ママの弟が中上洋行（豊川悦司）で元ヤクザ。正子は洋行からだまされ売春をさせられたりしながら、次第に生きていくことに負けない強い女に変貌していく。

洋行も昔のしがらみから別のヤクザに襲われ、別府北浜の路地の奥で殺される。店に警察が来る前に逃げ出す正子。ママにお別れの電話をすると、ママのアドバイスがいい。「お腹がすいたら、ご飯を食べる」。そうだ何も悩むことはない、ただひたすら、お腹がすいたら、ご飯を食べることだ。生きるとはその繰り返しであることを正子は教わる。

姫島へ逃げる。姫島の盆踊りが映る。警察の手が近づくと、今度は浮き輪を身に着け、伊美（国見町）の方へ泳いでいく。いつしか、引きこもり時代の暗い顔から、生き生きとした明るくたくましい「顔」に変貌している。藤山直美の演技が素晴らしかった。

白洲明子「父小林秀雄」

由布市　二〇〇一年

白洲明子《ハルコ》は小林秀雄の長女である。白洲次郎（吉田茂総理側近、実業家一九〇二〜八五年）と正子（随筆家、御能研究家一九一〇〜九八年）の次男に嫁いでいる。父秀雄は日本の大評論家で、文学、音楽、美術評論の泰斗である。筆者も高校時代、ランボーやベルレーヌ、ボードレール、ドストエフスキーを読まなくてはならぬと思わされたのは、小林のおかげだったと思う。また「モオツァルト」論を読んで、モーツアルトを聴かなくてはとザルツブルグにまで思いを馳せていた。

小林没後、明子さんは「父小林秀雄」を、「新潮」臨時増刊号（二〇〇一年四月）に書いている。中の「桜」の項で、湯布院に触れている。

「桜の下には野草がほしくなります。京都を卒業して晩年に通いつめた、九州の湯布院で、野草を採ってきて桜の根元に植えました。父が湯布院に夢中になったのは、晩年の十年ほどだったでしょうか」

「父の死後、母は野草を熱心に育てていました。野草は気に入った土地でないと消えてしまいます。結局、湯布院の野草はほとんど消えてしまいましたが、散歩の途中で採ってきたり、知り合いからいただいたりしたものを、気に入った場所を探してやって、広くもない庭であちこち移しかえて増やしていました」

小林が最晩年に愛したものは、お酒と酒器、桜と野草と絵画、この野草は後に消えたかもしれないが、ひと時は湯布院から持ってきたものである。小林はよほど湯布院が気に入っていたのであろう。とくに「玉の湯」旅館が。

この明子さんのエッセイは、「小林秀雄全作品別巻三『無私を得る道』上」（新潮社刊）に採録されている。

大林宣彦監督
映画「なごり雪」

臼杵市、佐伯市　二〇〇二年

映画「なごり雪」（大林宣彦監督、二〇〇二年）は臼杵と佐伯でロケされている。

話は二〇〇一年（平成十三年）の東京、女房に逃げられ自殺を考えている五十歳の梶村（三浦友和）に、高校時代の親友水田（ベンガル）から電話が入る。交通事故で水田の妻雪子（須藤温子）が危篤だと。雪子は高校時代から梶村に恋をし慕っていた。東京に出た梶村は心変わりし別の女性を妻に選んだ。水田は雪子が梶村に恋していたことを承知の上で妻にした。

　梶村は新幹線で小倉まで下り、日豊線に乗り換える。小倉駅が映り、日豊線沿いの美しい風景が続く。臼杵の駅に着く。プラットホームがコンクリートの味気ないものではなく、土張りの雑草も生えたひなびたホームである。実際は重岡駅（佐伯市）のホームを起用している。

　現代と高校時代とのカットバック方式で話は進む。高校は雄城台高校、水田が跡を継いでいる酒屋に小手川酒造、危篤の妻が入院している杉田病院にはコスモス病院を借りている。妻の葬儀は多福寺を用い、今は使われていない虹澗《こうかん》橋も映る。臼杵駅の正面が映るが、これは上臼杵駅である。素朴な良い駅だ。

　町というものは発展してほしいだろうが、発展しない方が郷愁があっていい。八町大路、石仏、石畳の道、白壁、二王座通り、うすき竹宵、黒島海水浴場、遠く竹田の岡城までロケしている。

　死んだ妻の心にはずっと梶村が棲んでいたのだろうが、劇中、水田の台詞がいい。

「二八年一緒に暮らしていても、まだまだお互い知らないことがあるんだな…。聞きたいが、聞かないことも、結婚というものだろう」

　世のご夫婦も皆そうだろう。心の奥底には入り込まず、どこか遠慮しながらも添い遂げていくものだ。

城山三郎「指揮官たちの特攻」①

宇佐市、中津市　二〇〇一年

城山三郎（直木賞作家、一九二七～二〇〇七年）の作品に「指揮官たちの特攻　幸福は花びらのごとく」（二〇〇一年、小説新潮）という反戦小説がある。中で、真珠湾への第一弾を投下した「高橋赫一（徳島出身、一九〇六～一九四二年）」という三五歳の少佐に触れている。城山は中津と宇佐をしっかり取材し、次のように書いている。

「宇佐航空隊入口には、日豊本線『柳ヶ浦』という駅があり、ふだん高橋は家の在る中津から、列車に乗って通っていた。」

「中津は気候がよく、地震などの天災が無い。福沢諭吉の生地だけに、教育熱心な土地柄でもある。」

「ところで『宇佐』という土地を御存知だろうか。大分県北部に在り、中津の東隣りで、国東半島の付け根。北に青く周防灘が光り、南にはなだらかな山々が見えるが、このかいわいでは珍しく、広々とした平地がひらけ、冬を除けば田や畠の緑が濃い。」

特攻に選抜された者たちは、出撃前夜、中津の筑紫亭という料亭で夜ふけまで酒を飲み、酔った勢いで刀を振るって柱に切りつけたことが書かれている。

「そこは本館から離れ、濃い緑に三方を囲まれた奥座敷といった二間続きの部屋。（中略）入ってみると、ゆったりとした座敷正面の床の間、いちばん目につく床柱に、それも視線の高さのところに、鋭い刀疵がはっきり刻まれていた。」

特攻隊員たちは「あと一日の命」を、この柱や鴨居に白刃をたたきつけることで、自らの「修羅」を鼓舞したのだろう。

この筑紫亭は今も中津市枝町にある。建物も昔から変わらない。懐石やハモ料理が名物である。

城山三郎
「指揮官たちの特攻」②

宇佐市、別府市　二〇〇一年

城山三郎が宇佐海軍航空隊（宇佐空）を舞台に描いた「指揮官たちの特攻」には、副題が「幸福は花びらのごとく」と付いている。城山自身、海軍特別幹部候補生として特攻要員であっただけに、泣きながら書いている感がある。

主に宇佐空を舞台に、特攻さきがけの敷島隊関行男（愛媛県西条出身、一九二一～一九四四年）大尉と、終戦直後に飛んだ中津留達雄（津久見出身、一九二二〜一九四五年）大尉の鎮魂の話しである。

筆者は宇佐郡天津村下庄（現・宇佐市）の生まれにて、子どもの頃から、あまり宇佐空という言い方は聞いてない。「柳ヶ浦航空隊」と呼んでいた。

関と中津留は海軍兵学校七〇期の同期生である。昭和十六年十一月に江田島から柳ヶ浦に着任している。

文中に、「宇佐航空隊の士官たちは、ときに別府へ足をのばした。基地門前の柳ヶ浦駅からは、列車で五〇キロほどの距離で、賑やかな温泉町である。波おだやかな別府湾を、連合艦隊が寄港地にしていることから、水交社代わりに使われている料亭もいくつかあり、その中の『なるみ』などには、千枚近くの海軍士官の色紙が戦後残されたほどであった」とある。

筆者が子どもの頃、家族で「なるみ」に泊ったことがある。純木造の日本家屋で、庭が広く、大風呂は混浴だった記憶がある。今はもうこの料亭旅館はない。

城山は二人を対比して、筆を進めている。

「その後、関は中津留たちと共に実用機教程をこなすため宇佐航空隊に居た期間もあったが、中津留が宇佐にとどまったのに対し、関は霞ケ浦航空隊の教官になった」
一五、六歳で入隊してくる予科練生の先生をしていた。

城山三郎
「指揮官たちの特攻」③
津久見市　二〇〇一年

敷島隊関行男の生まれは愛媛県西条町（現・西条市）である。

海軍兵学校七〇期の猛者で、宇佐空には四ヵ月しかいず、霞ケ浦（茨城県）で教官となり、第一回海軍神風特別攻撃隊敷島隊の指揮官として抜擢され、レイテ沖海戦で散華した。時に一九四四年（昭和十九年）十月二十五日、関は特攻第一号と称賛され、軍神となった。

関と同期の中津留達雄は一九二二年（大正十一年）津久見の生まれである。城山は次のように記している。

「最寄駅は日豊本線で大分から南四六キロの津久見駅で、そこから歩けば二十分余りの村である。まわりには蜜柑畑などがゆるやかな丘陵が続き、豊後水道に落ちこむ。濃い紺青色、それこそネイビー・ブルーの海である。（中略）生家は名字帯刀を許された家柄で、石灰山で採石したのを大阪へ運ぶ回漕業を営んでいた」

「小学校を終え、臼杵中学に進んで間もなく、一家は堅浦に家を新築して移った。海の眺めが近く、ゆったりとした造りの家であった。こうして海の子として育った中津留達雄が、進学先として海軍兵学校を思い浮かべるのは、自然の成り行きであった」

中津留は難関に見事合格する。両親は一人息子のことでもあり、江田島（広島県）行はあまり賛成ではなく、海軍軍人より、先生になることを希望していた。合格した以上は、海軍はよしとしても、飛行機乗りにはならないでほしいと願っていた。

結果、一九四四年（昭和十九年）一月、鬼の宇佐空の教官となったことで両親はほっとしていた。この年の四月、中津留は日代駅（津久見市網代）近くの公民館で開業していた木許医師の長女保子と結婚する。

城山三郎
「指揮官たちの特攻」④

中津市、宇佐市、大分市　二〇〇一年

関行男大尉がレイテ湾に散ってより、海軍の戦術はすべて特攻となった。突っ込む直前に「トー・トトトー」のト連送が打電される。「ワレ　イマヨリ　トツゲキ　ス」のモールス信号である。

当時、特攻編成されれば、隊員は宇佐空からトラックに乗り、宇佐八幡の幟を立て、最後の参拝をした。中津市の筑紫亭という料亭で深夜まで今生の名残りに飲んだと城山は記す。筑紫亭は明治三十四年よりの老舗料亭で、建物は数寄屋造り､奥座敷に二間続きの部屋があり､ここに明日出撃の隊員が付けた刀疵がある。

城山は直にその目で見ている。床柱以外にも、

「そのすぐ横の鴨居にも、何かで鋭く引っ掻いたようなものがある。やはり刀疵であった。それも一つではない。二つ、三つ、四つ……」

「見ているうち、一つ一つの刀疵から、耳には聞こえぬ叫び声がしてきた。あと一日の命。こんなに元気なのに、あと一日」

一九四五年（昭和二十年）四月二十一日朝、宇佐空はB29の大編隊に襲われた。米軍はクラスター爆弾、時間差爆弾、いろいろの新兵器で滑走路をつぶし、宇佐空を使用不能にした。

同年七月三十日、宇垣纏中将は大分基地へ移動。同年八月十五日、正午に天皇陛下のポツダム宣言受諾の玉音放送があった。戦争は終わった。

城山の文中に、「宇垣は中津留大尉を呼びつけた。『七〇一空大分派遣隊は、艦爆五機をもって沖縄敵艦隊を攻撃すべし。本職はこれを親率す。第五航空艦隊司令長官　中将宇垣纏』というのが、参謀に書かせた命令書だが、命令書は渡さず、口頭で伝えた」

戦争は終わったのに、最後の特攻を宇垣は命令した。その日、中津留隊一一機のすべてが大分を飛び立ったのは夕方に近かった。

村田喜代子「人が見たら蛙に化《な》れ」

玖珠郡九重町、大分市　二〇〇四年

筆者が幼い頃、骨董品好きの父は、中津で本業以外に骨董品屋をやっていた。下手の横好きで素人同然であるから、仲間たちからいいカモにされていた。古九谷、古伊万里、沈香壺、頼山陽の書で騙され、田能村竹田でも騙された。日本刀も多く扱っていたが、どれもナマクラで、研ぎ代のほうが馬鹿にならなかった。せいぜい帆足杏雨と田能村直入くらいは本物であったが、南画山水のブームも終わり、二束三文となった。

村田喜代子の「人が見たら蛙に化れ」（二〇〇四年、朝日文庫）は骨董屋や旅師《ハタ》（旧家を回り古物を買い込む人）を中心に、贋作、ゲテモノ、キズ物、ガラクタを競り合い、いかに素人に高く売りつけるかの闘いを描いている。中には、「壊れ物マニア」もいる。これを修復して高く売るのである。

始まりは、「表は国道に面しているが、行きかう車の影も少ない、大分市内から車で三十分ほど走る小さな町の外れである。」

ひっそりとした郊外の粗末なプレハブの建物の中に、骨董師たちは集まり、競りを行うのである。主役は馬爪建吾、久住高原の高速インター（九重ＩＣ）あたりで骨董店を開いている。

「この日、馬爪建吾は底の抜けかけたマツダのボンゴを駆って、朝飯抜きで久住から山道を三時間飛ばしてやってきた。」

登場人物はすべて曲者であり、詐欺にも近い骨董の世界の裏側をテンポよく痛快に、畳み込むように描いている。

しまいには大分、九州を飛び出して、ロンドンやフィレンツェまで幻のお宝を追い求めていく。

実に骨董の世界が分かる、コットウ・コメディである。

新垣結衣、三浦春馬
映画「恋空」

宇佐市、中津市、大分市　二〇〇七年

「恋空」はケータイ小説家美嘉の原作である。これまでに累計二〇〇万部を突破している。

映画化されたのは二〇〇七年、監督は今井夏木、主役のミカ役はＴＢＳドラマ「逃げるは恥だが役に立つ」（二〇一六年放送）で大ブレークした新垣結衣。エンディングの「恋ダンス」は日本中で踊られていた。ミカの恋人ヒロ役は三浦春馬、高校生の真実の愛の物語である。三浦はこの作品で日本アカデミー賞新人賞に輝いた。二〇二〇年の自死は残念で仕方がない。

筆者が子どものころ、祖母の家が宇佐郡天津村下庄（現・宇佐市）で、夏休みは毎日のように伊呂波川で泳いでいた。祖母たちは川の堰で洗濯をし、夕刻になると農家のおじさんたちは馬を川辺に入れて、荒縄のたわしで馬体を洗っていた。遠く日豊線の鉄橋を汽車がゆっくりと煙を吐きながら渡っていた。

伊呂波川を天津村側から向こう岸にわたると、そこは高家村《たけい》である。ミカとヒロの思い出の川原のシーンは、西高家の伊呂波川河川敷でロケされている。高津橋とその下流の一本道が撮影されている。伊呂波川沿いの土手が実に美しくスクリーンに収められており、恋人たちのデートの名所ともなった。

他に中津市犬丸地区の日豊線沿いの道路や、桜並木の道は大分市須賀一丁目あたりの緑地である。ヒロの容態悪化を知り、ミカが懸命に走るところである。恋に落ち、妊娠し、流産し、去って行ったヒロが実は癌と知り、彼の真実の思いやりを再認識するも、彼は天に召される。

風景も心根も美しいドラマだった。

三浦春馬は天馬となってしまったが、新垣は星野源と一緒になり、ますます人気女優の地位を高めている。

リリー・フランキー「東京タワー　オカンとボクと、時々、オトン」①

別府市　二〇〇五年

リリー・フランキーは今や押しも押されもせぬ日本を代表する名優である。

俳優としてのデビューは、鬼才怪人監督石井輝男（一九二四～二〇〇五年）の「盲獣VS一寸法師」、以来二〇一八年の「万引き家族」（是枝裕和監督）でカンヌ・パルムドール（最高賞）にまでたどりついた。

作家であり、イラストレーターであり、コラムニストであり、俳優であり、タレントであり、とにかく多才な人である。

福岡県宮田町（現・宮若市）で育ち、宮田中を出てから、別府の大分県立芸術短大付属緑丘高（現・芸術緑丘高、大分市）へ入る。別府の鉄輪の木造アパートで暮らしている。

二〇〇五年（平成十七年）、「東京タワー　オカンとボクと、時々、オトン」（扶桑社）が二〇〇万部以上の大々ベストセラーとなる。森繁久彌や久世光彦が週刊文春で大絶賛する。

作中、こう記している。

「参考書の巻末にあった特殊高校の紹介という欄で、大分県に美術の学校があることを知った。」

ボクことリリー少年は宮田町を出て、別府の高校へ進学することを決める。受験前に家族で別府に下見に行き、緑丘高の絵の先生に会い、デッサンを見てもらっている。オトンはめったに家に来ない人だが、この時期、リリーにデッサンを教えている。

この時の別府の印象を次のように綴る。

「別府駅からまっすぐ山に向かって道路が延びる。道の端々からは溝を流れる温泉の蒸気が冬の空気に白く立ち昇り、所々で湯の花の匂いがした」

人生の扉を開いていくボクの心境がよく出ている。

もって生まれた文才であろうか、自然体の無理のない佳い文体である。

リリー・フランキー「東京タワー　オカンとボクと、時々、オトン」②

別府市　二〇〇五年

リリー・フランキーは首尾よく緑丘高に受かる。鉄輪の木造二階建て、風呂トイレ共同で家賃二万円のアパートを見つけた。

著作「東京タワー　オカンとボクと、時々、オトン」の中にこう記している。

「別府湾から続く緩やかな坂道は山間に延び、その道の途中にある小さな木造アパートが、ひとり暮らしを始める十五歳のボクの部屋だった。別府鉄輪温泉の近くにある」

炭鉱の町、製鉄の町から、リリーは温泉の町へとやって来た。

「花の膨らむ香りが立ち籠めていた。温泉街の春は、炭鉱町の春よりも柔らかく、温かく感じる」

実に叙情的な描写である。

出発の日の無人駅のホームでの母との別れが描かれている。

「見渡すかぎり田んぼが広がり、その向こうにボタ山が見える。なんの色味もないその風景の中に、ぽつりと綿菓子のような桜の木がぼんやり浮かぶ」

絵画的な美しくうまい文章である。「ぼんやり」とは、すでに涙ぐんでいたのかもしれない。

「オカンは動き出す汽車に合わせて、歩きながら手を振った。短いホームの先端まで追いかけて、ずっと手を振っていた」

車中、オカンの作った愛情いっぱいのお弁当の下に、白い封筒があり、体に気をつけて頑張れの便箋と、しわしわの一万円札が一枚入っていた。

「ボクはオニギリを食べながら涙が止まらなくなった」

一五歳のリリー少年はひとり、宮田線から日豊線を別府へ向かった。

リリー・フランキー「東京タワー　オカンとボクと、時々、オトン」③

別府市　二〇〇五年

やはり一人暮らしの寂しさからか、別府緑丘高に進んだリリー・フランキーは学校を休みがちになる。ゲームセンターで遊んだり、パチンコ屋をのぞいたり、喫茶店で漫画を読みふけったりしている。学校が面白くなく、夜の別府を徘徊する。

これは大人への通過儀礼であろう。なんとか二年に上がる。

「東京タワー」の中に、

「ボクのアパートから学校までは、歩いて三分足らずの距離だったが、それでも足は向かない」と書く。新担任の女性教師村上先生が毎朝起こしに来る。先生に手を引かれて登校するのである。

「あんたが高校卒業できたんは村上先生のおかげやねぇ。」とオカンの言葉を紹介している。授業に出るようになると、クラスのTさんにほれる。「お嬢さま」というものを初めて見たと文中にある。Tさんはモルモン教徒で、リリーも一生懸命に聖書を読む。夏休みの終わりに初デートをする。

「Tさんと別府駅で待ち合わせてボウリングに行った。いろいろ考えた末、デートはボウリングがいいと決めていたのである」

されども同じモルモン教徒にならなくてはお付き合いはできないとのことで、Tさんとは別れる。恋愛と失恋の通過儀礼も別府である。

「半年に一度、週末を利用してオカンは別府のアパートに様子を見るために、泊りがけで来ていた」

オカンの期待を裏切るまいと、彼は武蔵野美大に合格する。

「卒業式も終わり、大分の下宿を引き揚げた」

いよいよ東京である。

リリーの青春時代を作り上げたのは、オカンと村上先生とTさんとベップである。

彼にとって別府は第二の故郷であろう。

大森一樹監督
映画「悲しき天使」

別府市、大分市　二〇〇六年

昔、「張込み」（一九五八年）という野村芳太郎監督の名作があった。原作は松本清張である。清張の短篇を野村監督は哀しい人間劇にまで高めた。東京で強盗を働き、拳銃で一人殺した犯人（田村高廣）を追って、二人の刑事（大木実、宮口精二）が佐賀までやって来る。犯人の昔の恋人（高峰秀子）が佐賀に後妻として嫁いでいる。きっとこの女に会いに来ると読んでの張り込みである。おあつらえ向きの旅館が、この女の家の前にあった。ここの二階の部屋から刑事二人は女を張り込むのである。

「悲しき天使」(二〇〇六年)、大森一樹監督はこの「張込み」を下敷きにしている。東京で義父を拳銃で殺した犯人松下那美(山本未来)を慕って、彼女の昔の恋人関川慎二(筒井道隆)が別府の鉄輪の旅館に婿養子で入っている。二人の刑事(高岡早紀、岸部一徳)は、必ず犯人(山本)は彼(筒井)に会いに来ると読んで別府にやって来る。

小倉駅からソニックに乗る二人の刑事、別府駅、竹瓦温泉が映る。関川の旅館は鉄輪にあり、その向かいの旅館の二階から彼を張り込む。鉄輪の湯けむりがふんだんに映る。犯人那美が潜んでいる別府湾ロイヤルホテルは外観、ロビー、フロント、レストランほかが多彩に映る。大分トリニータの試合でビッグアイ(現・昭和電工ドーム大分)の内外も多く撮影されている。

犯人那美が上海に飛ぼうとするシーンで、大分ホーバーフェリー乗り場や、大分空港ターミナルもロケされている。刑事二人は犯人那美の過酷な過去を知り同情する。関川は今の家庭と幸せをしっかり守る。刑事二人にもそれぞれに家庭の事情がある。

みんなが、今の幸せを必死で守り育てていくストーリーとなっている。

大林宣彦監督
映画「二二才の別れ」

津久見市、臼杵市、竹田市　二〇〇七年

伊勢正三の「二二才の別れ」を聴くと、否応なく青春時代の恥ずかしき日々に引き戻される。

映画化したのは大林宣彦監督、タイトルは「二二才の別れ　Ｌｙｃｏｒｉｓ葉見ず花見ず物語」（二〇〇七年）、ちなみにＬｙｃｏｒｉｓ、リコリスとは彼岸花のことである。

商社マンの川野俊郎（筧利夫）は、高校時代から付き合っていた北島葉子と、東京で半同棲をしていたが、葉子は東京の暮らしに草臥れ、二二才を迎えたのを機に故郷の津久見に帰る。時がたち、今、川野はもう四四歳、まだ独身である。福岡支社勤務で、こんど上海に転勤しないかと専務から云われている。

川野のマンションの前のコンビニで働いている花鈴（鈴木聖奈）という娘が「二二才の別れ」を唄っている。川野はこの娘に興味を持つ。娘はコンビニを首になり、暮らしていけないから、援助交際をしてくれと云う。この娘は若き日に東京で別れた葉子の娘だった。

花鈴は若い恋人と同棲していたが、年収が一〇〇万円ほどでは暮らしていけない。川野がこの若い二人を助けていくＷ

青春物語である。

劇中の「ひがしつくみ駅」は日代駅、「津久見美浜高」は日代中学校、石灰岩の山々、太平洋セメント津久見工場、高台の墓地、その墓地から見える津久見湾、彼岸花群生のシーンは竹田市の七ッ森古墳場で撮影されている。臼杵は高台の住宅地が映り、終盤のシーンに「うすき竹宵」が登場する。竹ぼんぼりの灯に臼杵の町が美しく温かくライトアップされる。

二二才、まっとうなら大学を卒業し、就職して新しいスタートを切る歳だ。されど、学生生活の終了と共に、二人の生活に草臥れ別れた人も多いことだろう。

二二才は別れの歳でもある。

磯崎新
「私の履歴書」①

大分市　二〇〇八年

世界的な建築家である磯崎新氏は一九三一年（昭和六年）に大分市中島で生まれた。ルーツは瓜生島である。日本経済新聞「私の履歴書」（二〇〇八年五月一日から三〇回連載）にそのことを記している。

「磯崎家のルーツはまるごと海に沈んだ。（中略）大分県の別府湾に浮かんでいたとされる伝説の島、瓜生島。当時『府内』と呼ばれていた現在の大分市から目と鼻の先の距離にあったというが、慶長元年（一五九六年）七月の大地震で一夜にして海にのまれた。（中略）島に住んでいた私の祖先も這々《ほうほう》の体で府内に逃げてきたと思われる」

祖父の徳三郎は米問屋と回漕業を営み、大分市議や市議会議長を歴任している。父の操次は上海の東亜同文書院を出た後、慶應義塾に学ぶが関東大震災に遭い、大分に戻る。家業を継ぎ、大分の新興俳句運動の俳人としても名を成している。俳号は「藻二《そうじ》」という。

「父が子供のころ、生家の米問屋の米蔵を遊び場にしていた仲間が二人いた。マルクス主義に傾倒して東大新人会のリーダーになりながら、超国家主義に転向した小説家林房雄（一九〇三〜七五年、代表作「大東亜戦争肯定論」）。もう一人は歌人でもあり、政界のフィクサーとうわさされた右翼の大物、三浦義一（一八九八〜一九七一年）」

父は林房雄に上京を誘われたようだが、動かず、大分の地で俳句やお茶、お能という世界にこもった。

新氏は父の挫折感の仇討ちをするべく、東大理科一類に入る。数学と絵が得意だとのことで専攻を決めたと「私の履歴書」に記している。

福岡にくらす筆者としては、福岡相互銀行本店や、各支店の建物が面白く、町を歩くのが楽しみだったが、それも今はもうない。

磯崎新「私の履歴書」②

大分市　二〇〇八年

大分市に生まれた磯崎新氏は、県立大分第一高校（現・大分上野丘高校）時代の思い出を、日経新聞「私の履歴書」（二〇〇八年）に記している。高校二年の時、中央町（大分市）のキムラヤ画材店でデッサン会が催されることになり、美術部に入った磯崎氏も顔を出すようになる。

「芸術における新しい改革についてずいぶんと議論しあった。ここで知り合った仲間とは数年後、『新世紀群』という美術団体を結成する」

「キムラヤでは美術の革新をひたすら語り合ったが、『反抗』『反発』の気分は高校の中でも広がっていた。暴力教師の追放、丸刈り廃止—。二年の後期には自治会長をつとめて、戦争中とまるで変わらない慣習やルールに抗議した」

そこには後に直木賞作家となる赤瀬川隼（一九三一—二〇一五年）氏や、弟の赤瀬川原平（筆名尾辻克彦、芥川賞作家、一九三七—二〇一四年）もいた。

磯崎氏は放課後、県立図書館や貸本屋、本屋をめぐり、とにかく読書三昧の日々を過ごす。最もよく読んだ本は文学の素養をもって科学を語る「寺田寅彦全集」と記している。寺田（物理学者、一八七八—

一九三五年）は夏目漱石を尊敬する木曜会最古参の弟子である。寺田の影響か東大理科一類に進む。

「私が大学で学んだ五〇年代、建築学といえばまだ耐震工学が主流で芸術や文化などとはほど遠いものだった」

学生時代、滝口修造（美術評論家、一九〇三―七九年）の「近代芸術」や、マルセル・デュシャン（仏人、ダダイスト画家、一八八七―一九六八年）に影響を受け、ル・コルビュジエ（スイス人、近代建築の巨匠、一八八七―一九六五年）の著作「New World of Space」に出合う。芸術と建築をアウフヘーベン（対立する二つの概念を、より高い次元で統合すること）した新しい建築家の道を模索していく。名前の通りである。

西田敏行、三国連太郎 映画「釣りバカ日誌」

佐伯市、臼杵市、大分市、別府市、玖珠郡九重町　二〇〇八年

「釣りバカ日誌」（作・やまさき十三）といえば、「男はつらいよ」シリーズに肉薄する国民的娯楽映画である。

ご存知ハマちゃんこと浜崎伝助に西田敏行、スーさんこと鈴木一之介に三国連太郎、釣り好きはもちろん、釣りをしない人でも楽しめる作品である。

第二一作「釣りバカ日誌一九　よう

こそ!鈴木建設御一行様」(朝原雄三監督、二〇〇八年)は、主に佐伯市一帯が舞台である。佐伯出身のOL役に常盤貴子、その兄役に竹内力、兄は佐伯で漁師をしている。竹内はここ佐伯出身だけに大分弁というか地元弁に安心感がある。水を得た魚である。

ハマちゃんは仕事より釣りが好き。出張に出ては出張先の好漁場で釣りを楽しむ。今回は社員旅行で別府や臼杵に行く。すでにハマちゃんは釣り支度をして乗り込んでくる。当然、ハマちゃんに勝るとも劣らぬ釣り好きのスーさんもやって来る。

ロケは二〇〇八年の五月、気候の良い時である。

まず冒頭は国東・大分空港からのホーバークラフト、別府地獄めぐり、高崎山で猿とたわむれるハマちゃん、この辺りは定番である。飯田高原でバーベキューを楽しんだりの場面が続く。

いよいよ今回の舞台、お目当ての佐伯に入る。佐伯駅が映る。佐伯港周辺、鶴見や米水津の磯場、蒲江の美しい海岸線が映る。蒲江畑野浦の大分漁協上入津支店、鶴見一帯、竹野浦、公設水産卸売市場前で多く撮影されている。ハマちゃんらは豊後水道に出て、浮流し釣りでイサキを釣る。

朝原監督は縦横に佐伯の名所を映画の中に取り込んだ。映画全体が佐伯市観光のプロモーション作品ともなっている。さぞかし、相当の釣りファンたちが全国からやって来たことだろう。

五木寛之「百寺巡礼」

中津市、豊後高田市　二〇〇九年

小学校時代、普門院（中津市寺町）というお寺の塾に通っていた。

まさに寺子屋である。夏休みは青の洞門へ二泊三日のキャンプへ行った。急流の山国川で泳ぎ、飯盒炊飯をし、競秀峰に登り、道幅一米《メートル》弱の鎖場を岩壁にしがみつくように恐々と横切った。眼下には山国川、耶馬渓線のマッチ箱のようなディーゼル車が二輛で走っていた。

最終日は羅漢寺（中津市本耶馬渓町跡田）に詣でた。皆で急な山道を登ると、岩窟にさまざまな表情の五百羅漢さんが所狭しと居並んでいた。小学校六年間、毎年お参りした。私たち子供は「しゃもじ寺」と呼んでいた。

五木寛之氏が「五木寛之の百寺巡礼」（講談社）を監修した。「十年間に一〇〇の寺を巡る」という五木さんの旅。一番目が女人高野の室生寺（奈良県宇陀市）で、九九番目が国東の富貴寺（豊後高田市）、満願の一〇〇番目がこの羅漢寺（第一〇巻四国・九州、二〇〇九年）である。

室生寺の鎧坂の石段は手ごわい、登っても登ってもまだ上がある。

そしてついに、最後、羅漢寺の石畳の参道に辿り着く。

五木さん曰く、

「スタート直後、はたして最後までまわれるのだろうか、といささか不安にもなったこともあった。それを思えば、百の寺々を無事にまわり終えたということだけでありがたい」

五木さんが、父に似ているという羅漢さんもある。全部で五二〇体余、皆さまの祖父様やお父上、はたまた夭折した兄上や、女性から見れば初恋の男性に似た羅漢さんも鎮座されていることでしょう。

五木さんが旅の終わり、一〇〇番目に選ばれたお寺が中津にある。誇りにしなくてはならない名刹である。

葉室麟
「蜩ノ記」ほか

国東市　二〇一一年

大分県は小藩分立の県である。葉室麟（直木賞作家、一九五一～二〇一七年）はよほど豊の国大分県好みか、「豊後羽根藩」を創出し、四部作を書いている。

代表的なものは直木賞受賞作「蜩ノ記」（二〇一一年、祥伝社）である。

前藩主の側室と密通したという冤罪で、一〇年後に切腹という命を受け、日々を死に向かって凛々しく従容と生きていく男の話しである。

映画化（小泉堯史監督、二〇一四年）もされ、主人公戸田秋谷を役所広司が巧演した。ロケ地は大分県ではないが、国東の豊後七島筵「豊後の青筵」を作るシーンが映る。これは戸田が貧しい農民たちの副収入の道として指導したことになっている。

葉室は人間の散り際、去り際の美しさを彼の渾身の美学で書き著した。「蜩ノ記」とは戸田の死に至るまでの日記である。

「潮鳴り」（二〇一三年、祥伝社）も舞台は「羽根藩」で、主役は伊吹櫂蔵。酒色におぼれ、ばくちと喧嘩の日々、人は彼のことを「襤褸蔵《ぼろぞう》」と呼ぶ。死を意識した後の男の生き方の美しさを描いている。羽根藩は、鄙の美しい風景をもち、海沿い、山々の美しい姿、里、平野、端正な城下町をもつ小さな藩である。

「春雷」（二〇一五年、祥伝社）もやはり羽根藩が舞台である。主人公は多聞隼人、厳しい年貢の取り立てから「鬼隼人」と呼ばれている。善と悪の境目はなんなのか、人は善人と悪人に分けられる訳もなく、善悪は一人の人間の中に同居するものなのである、と葉室は描いている。

あと同じ羽根藩を舞台にしたものに「秋霜」（二〇一六年、祥伝社）がある。羽根藩、葉室は大分県のどこをモデルとして描いたのだろうか。筆者は杵築藩とみているが……。

平成後期（東日本大震災以後）・令和編

森田芳光監督　映画「僕達急行」

玖珠郡玖珠町　二〇一一年

「僕達急行　A列車で行こう」（二〇一一年）という映画作品がある。早世した森田芳光監督の遺作である。主演は松山ケンイチ（小町圭役）と永山瑛太（小玉健太役）、二人の鉄道大好き人間が織りなす青春ハートフル・コメディである。

小町（松山）は電車のリズムに合わせて好きな音楽を聴くのが好き。小玉（瑛太）はトレインビュウーが大好きでずっと車窓の風景を見ている。電車のモーター音だけで車種が分かり、製造した工場まで分かるという。

　映画の内容は、古くは「森繁の社長シリーズ」のようであり、新しくは「浜ちゃんの釣りバカ日誌」のようである。森田監督の演出力でテンポのよい良質の出来栄えとなっている。

　小町は九州支社へ転勤となり、「九州列車の旅ができるんだから」と勇躍、福岡へやってくる。そこに小玉が東京から遊びに来る。博多がふんだんに映されている。とくにベイエリアの百道浜や地行浜、天神、中洲のであい橋など。

　では大分県はどこに出てくるのか。

　当然、鉄道オタクならばここは外せない。ＪＲ久大線豊後森駅（玖珠町）である。まずホームが映る。遠く九重連山も見える。駅の表示板は「豊後森」、上りに「きたやまだ」、下りに「えら」と書かれている。この駅の南東すぐそばに「旧豊後森機関車・転車台」がある。九州唯一の扇型機関庫で、転車台は直径一八・五メートル。小玉は、「黒光りした機関車が（見える）……」と云う。Ｃ形、キューロク……今はその面影すらないが昔栄えた機関車の車庫である。

　二人は共に失恋し、また好きな電車の旅に出る。人生、前へ前へ、ライドオンである。

　鉄道の良さって何だろう。鉄道は旅人をセンチメントで、ノスタルジーな世界にいざなってくれるからだろう。

松坂慶子ほか
映画「綱引いちゃった」

大分市、別府市　二〇一二年

「綱引いちゃった」（水田伸生監督）、この映画は二〇一二年の作品である。大分の給食センター廃止が決まる。ただもし綱引き大会で優勝したら、センター存続の但し書きがつく。そこで従業員の女性たちが優勝目指して頑張るというストーリーである。当時、実際に綱引きで世界チャンピオンになった「大分コスモレディース」（インドア世界選手権三回優勝）が発想の元になっている。

キャスティングが凄い。

大分市長役に風間杜夫、市長秘書役に佐藤二郎、綱引きチームメンバーに松坂慶子、井上真央、浅茅陽子、渡辺直美、西田尚美ほか、コーチ役に玉山鉄二、渡辺直美の祖父役に笹野高史という錚々たる陣容である。冒頭、市長（風間）が錦野旦のヒット曲「空に太陽がある限り」を唄う。大分市を空撮し、高崎山のサルたちや、府内城が映る。

大分市の知名度が低いので、この映画で大分市を宣伝し、活性化させようとの健気な狙いがよく伝わる。

大分市役所の内部や外観がよく撮影されている。「綱引きで町興しだ」の意気込み溢れる作品である。日々、コーチ

（玉山）が彼女たちを鍛えていく。日豊線を走る「ソニックにちりん」が映される。ガレリア竹町のアーケード商店街が縦横にロケされ、大分コンビナートの遠景、大分川の川べりの土手、大分城址公園、別府競輪ほか、大分別府の記録映画にもなっている。

チームは練習試合で小学生のチームにも軽くひと捻りされるが、練習の甲斐あって徐々に力をつけ、気を合わせて強いチームへと変貌していく。ドリーム・カムツルーの吉田美和のパンチの効いた歌声が彼女たちを励ます。

楽しく愉快な映画である。

櫻井よしこ「迷わない。」

中津市　二〇一三年

櫻井よしこ氏は戦後仏印ベトナムから引き揚げて来て、中津市で小中学校時代を過ごしている。

文春新書「迷わない。」（二〇一三年刊）は彼女の自伝のようなエッセイ集である。中にこう触れている。

「日本に引き揚げてきたのち、大分県中津市で一歳から十三歳までを過ごしました。福沢諭吉が幼少期を過ごした町が、中津です。（中略）大分県中津は市ですが、田舎です。小学校へ行くのに山道通りがありました。」

大幡小学校低学年の頃、お母様が大切に作ってくれたお弁当を道の上にこぼしている。

「私は嬉しくて思いっきり手を振って歩いていました。そうしたら紐が解けてポーンとお弁当が飛び、蓋が外れて中味が地面に引っくり返ってしまいました。私は一年生か二年生だったと思います。おもわず泣いてしまいました。」

そこに優しいおじさんが通りかかり、お弁当を元のように引っくり返し、「泣いちゃいけないよ」と助けてくれている。

「右側が小高い山で、左の下のほうに田圃が広がるその間に、曲がりくねった山道が続いているのです。その山と田圃が、四季折々にとても綺麗でした。」

今はもう無い耶馬渓線の「八幡前駅」あたりにお住まいだったかと思うが、この辺りの田圃の美しさ、田植えあとの緑の美しさ、山々の青さ、葉の繁り、花々の美しさ、稲刈りあとの美しさ、小川でのメダカやフナやドジョウ捕りなどを天真爛漫に描いている。

中学二年の夏休みまで、中津の緑ヶ丘中学に通い、それから新潟県の長岡市に引っ越した。

中津のことを書くとき、彼女は必ず「ふる里中津」と書く。父母の里でもないのに、彼女の故郷は今も「中津」である。

塩屋俊監督
映画「種まく旅人　みのりの茶」

臼杵市　二〇一二年

映画「種まく旅人　みのりの茶」は、五六歳で早世した塩屋俊監督（臼杵市野津町出身、一九五六～二〇一三年）の二〇一二年の作品。彼の故郷臼杵市一帯を舞台にしており、主演は陣内孝則、田中麗奈、脇に名優柄本明という布陣である。

大宮金次郎（陣内孝則）は農林省の官房企画官で、身分を隠して、各地の農家を回って作業を手伝い、農業指導を行っている。森川みのり（田中）はファッションデザイナーであるが、職種替えを受けて、会社に失望し、茶園を営む祖父森川修造（柄本明）のいる臼杵にやってくる。

とにかく臼杵の町がふんだんに映る。臼杵駅のプラットホーム、八町大路、川沿いのフンドーキン工場、二王座の歴史の道、龍源寺と三重塔、富士甚醤油、県立臼杵高校、鎮南山をバックにした海添川と祇園橋、臼杵の落ち着いた町並みが登場するが、主役の舞台は「野津町の八里合地区」の茶畑、ここは高橋茶園の畑である。

祖父（柄本）が病になり、臼杵市役所の農政局長に出向してきた大宮（陣内）がみのり（田中）を助けて、無農薬での有機農法を守っていくというもの。

大分弁を「ちっち、ちっちっち、言いなんなっち」とよく云われるが、「ちっち」が多用されており、日豊線は「ちの国」であると思う。釜茶の作業風景が映し出されるが、順序よく分かりやすく撮影されており、勉強になる。

祖父が云う、「晴れるのも、ありがたい。雨の降るのも、ありがたい」、五風十雨という言葉を有機農法は守っている。

最終シーンに登場する水ヶ城展望台からの臼杵の町並みは得も言われぬほどに美しい。

あるがままに自然に生きる、そんなことを教えてくれる映画である。

瀬木直貴監督
映画「カラアゲ☆USA」

宇佐市　二〇一四年

宇佐と中津は唐揚げで競い合っている。宇佐は「からあげ専門店発祥の地」と銘打ち、中津は「からあげの聖地」をキャッチフレーズにしている。中津のからあげは、戦後中国から引揚げてきた人たちが作ったといわれる。筆者の母も北京から引揚げて中津駅前で飲み屋を始めた。メニューにからあげがあった。

二〇一四年、USA唐揚げムービー「カ

ラアゲ☆ＵＳＡ」が製作された。主演はモーニング娘の元リーダー高橋愛が辛島彩音を演じる。監督は瀬木直貴（一九六三年生、宇佐市観光交流特別大使）である。

辛島（高橋）が、さえない実家の唐揚げ店を日本一おいしい店に変えていくヒューマン・コメディである。

辛島の父親役に石丸謙二郎（一九五三年生、大分市出身）、母に浅田美代子、祖母に渡辺美佐子と、脇をしっかりと固めている。

何よりも宇佐市がふんだんにスクリーンに登場する。宇佐神宮、安心院《あじむ》の橋、柳ヶ浦の掩体壕《えんたいごう》、下乙女の農道、院内町の富士見橋、下庄布津部《ふっべ》の横綱双葉山生家前、西本願寺四日市別院、和間の浜、エトセトラである。遠くに八面山まで映る。とにかく宇佐出身者には、たまらない故郷の懐かしい風景である。

この映画撮影直前の二〇一三年、宇佐市に「ＵＳＡ映画学校」ができた。夏、二泊三日の集中講義と実践で学ぶ。教授は瀬木直貴、伊藤有紀の両監督だ。講義は、「シノプシス、脚本、ト書き、ロケハン、香盤表作り、撮影（同録音）、編集、音楽、ダビング」と全ての工程を教わり、上映会へとこぎつける。

二泊三日だけに、濃密で緻密である。参加者は中学生からＯＫ、もう四回も続いている。生徒の中から、将来の日本映画を背負う人材が生まれてくるかもしれない。この試みは続けてほしいものだ。

小野正嗣「九年前の祈り」

佐伯市　二〇一四年

小野正嗣は旧蒲江町（現・佐伯市）の出身である。

著作「九年前の祈り」は二〇一四年第一五二回芥川賞を受賞した。現在の子育て問題を描いた優しさにあふれる作品で、久々に心にずしんときた。大分県ゆかりの芥川賞受賞者には、一九三六年に「地中海」で冨澤有為男（大分市生、一九〇二～一九七〇年）、一九五一年「春の草」で石川利光（日田市生、一九一四～二〇〇一年）、一九八〇年に「父が消えた」で尾辻克彦（大分市出身、別筆名赤瀬川原平、一九三七～二〇一四年）がいる。

主人公は「さなえ」と云う三五歳の女、東京で同棲していたカナダ人の男と別れ、幼い息子を連れて故郷の海辺の町に帰ってきた。息子の名は「希敏《ケビン》」と云う。希敏には自閉症があり、「引きちぎられてのたうち回るミミズのようになった」と彼の症状を表現している。

佐伯市田辺あたりのリアス式海岸を、「沖合に二つの島があった。陸地に近いほうが黒島で、そのさらに沖にあるのが文島。さなえの母はこの文島の出身だった。二つの島は、陸地を振り切って大海原に飛び出そうとしているように見えた。

逃がしてたまるものかといくつもの岬が、たがいの邪魔をしながら、島々に執拗に追いすがり伸びていく」

と、逃げ出したい者と追いすがる者とに擬人化して描いている。大分の県民性すら思わせる。

「しぇんしぇい」「よだきいのう」と大分弁を縦横に駆使している。「よだきい」は筆者の故郷中津でもよく使う。県北、県南、共通語として懐かしいものがあった。筆者の娘もサンフランシスコで米国人と結婚し、子を為し、離婚した。もう孫娘は一五歳になる。私は祖父であり、心構えは孫の父である。

小野氏は現代に多い、国際シングルマザーの現実を描いてくれた。

葉室麟「霖雨」

日田市　二〇一二年

葉室麟さんとは二〇一五年十二月五日、パトリア日田のホールで対談した。葉室さんは広瀬淡窓について、私は中津の福沢諭吉について、双方を比較しながら論じ合った。

「霖雨」（二〇一二年、PHP研究所刊）はまさに淡窓、久兵衛兄弟について書かれた小説である。兄は咸宜園《かんぎえん》での教育に腐心し、弟は咸宜園の運営や郡代から降りかかる難題、政治的圧力に対応していった。

「淡窓の住む九州、豊後の日田は一尺八寸《みおう》山、岳滅鬼《がくめき》山、釈迦岳、渡神《とがみ》岳、御前岳に囲まれた盆地である。春から秋にかけての明け方、盆地をすっぽりと覆う霧を日田のひとびとは〈底霧〉と呼ぶ」

「天明二年（一七八二年）壬寅、淡窓は日田、豆田町の商家廣瀬家の長男として生まれた。成人して求馬と名のった。淡窓は号である」

と書かれている。

　咸宜園では武士も町人も農民も、男女の差もなく、均等に平等に教えた。弟久兵衛は謹厳実直に商売に励み、実家を繁栄させ、兄を盛り立ててきた。

「日田は幕府直轄地の天領である。北部九州の中央に位置し、筑前、筑後、豊前、肥後と日田を結ぶ、〈日田街道〉が通る交通の要衝だ。美しい山系に囲まれ、河川が多い風光明媚な水郷であり、〈豊後の小京都〉とも呼ばれる」

　葉室は朱子学的広瀬と、陽明学的大塩平八郎を比較しながら、郡代との攻防戦を描いていく。主には弟久兵衛の頑張り、努力、献身について筆を進めている。久兵衛は「葉室美学」の男であった。

　筆者は東京の学生時代、机の上に淡窓の「休道」を貼っていた。「君は川流を汲め　我は薪を拾はん」、そんな下宿暮らしだった。

浅田次郎「わが心のジェニファー」

別府市　二〇一五年

主役のラリーは早くに両親が離婚し、米海軍士官だった祖父母に育てられている。恋人のジェニファーは日本が大好き。プロポーズの前に、私（ジェニファー）が大好きな日本を見てきてほしいとの願いがあった。

日本に降りたったラリーは東京を見て、京都を見て、大阪へ行き、「やはり日本はオンセンだ」と別府へ足を延ばす。毎日のようにジェニファーへ日本の感想を手紙で送る。

浅田次郎の「わが心のジェニファー」（二〇一五年、小学館）は、そういった形式の小説である。

「別府タワーに昇って、（中略）日本人はタワーを建てるのが好きだね。たった一週間のうちに、いったい何本のタワーを見ただろう」

「竹瓦温泉で大汗をかき、宿に入ったとたん冷酒をラッパ飲みしたのがいけなかった。（中略）あんがいアルコール分が多いから、思いのほか酔いが回る」

「宿は山ふところにあり、露天風呂からは別府の街の灯が遥かに望まれた」

ラリーは「海地獄」「白池地獄」を見て、六つの地獄を廻る。地獄蒸しを食べ、砂風呂や混浴を体験する。

東京に戻り、今度は北海道へ旅する。北海道では早くに母と別れた日本人の父と会う。父は一九四九年生まれ、米国人の父と日本人の母との間に生まれた「進駐軍の落とし物だった」。父はタンチョウヅルのサンクチュアリで暮らしていた。

この旅でラリーはいろいろな人と遭遇し、成長していく。父親と邂逅し、タンチョウヅルの愛情あふれるクレインダンスを見ながら、ジェニファーに正式にプロポーズの手紙をしたためる。

浅田の手法は外国人の「眼」を通して、別府や今の日本の現状を的確に著していく。そこが面白く興味深い。

辻村深月「青空と逃げる」①

別府市　二〇一五年

作家辻村深月は一九八〇年（昭和五十五年）二月二十九日、山梨県笛吹市生まれ。二〇一二年、「鍵のない夢を見る」で第一四七回直木賞を受賞。「青空と逃げる」（二〇一五～一六年、読売新聞夕刊連載）は、文体が端的で、背骨の通った爽やかさがある。

この作品は四国高知の四万十から始まる。母早苗と息子力の逃避行ロードノベルである。二人は父親の起こした事件から、東京を去り、さらに四万十からも逃げ、別府へとやってくる。

　第三章「湯の上に浮かぶ街」に、別府の鉄輪、砂湯、高崎山、地獄のことがふんだんに盛り込まれている。辻村は実際に別府に足を運び、多くを実地に取材して描いている。

「道の側溝に乗ったコンクリートや金属製の蓋から、むうっとする微かな匂いと一緒に真っ白い煙が噴きあがっている。初めて見る光景に、力はおそるおそる煙に手を伸ばす。街全体を漂うこの匂いは温泉独特のものらしい。微かに鼻の奥が刺激されるような感じがあるけれど、あたたかなこもった匂いは、なんだか懐かしい気もする」

　第三章の冒頭である。別府に来た力少年の感慨として描いているが、これは辻村自身の感慨であろう。この導入文は別府でも鉄輪の印象である。すぐに「地獄蒸し」の描写がなされていく。湯治客たちが籠に野菜や芋を入れ、赤茶けた蒸し器の窯に入れ、蓋をして蒸す。鉄輪の日常の風景である。

　力少年は鉄輪を、「かんなわ」とルビが振られた看板を見て、「てつわ」じゃないことを知る。しばらく「青空と逃げる」を追ってみたい。

辻村深月
「青空と逃げる」②

別府市　二〇一五年

母早苗は昔、剣会の劇団員の頃別府に来ていた。とある風呂屋が二階を旅館にしていることを知っていた。風呂屋のオバサンと交渉する。

「確かに宿はやっちょるけんど、普段は夕涼みする場所よ。あんた、なんし泊まれるっち知っちょんの」

いいねえ、大分弁。「ちょる、ちょらん」「なんし」「るっち」、とくに語尾の「ち」、筆者は中津だから、この風呂屋のオバサンのしゃべりは、どちらかと云えば県北色が強い。

続けて、「へえー。うちは宣伝もしちょらんし、最近じゃあお客さんも滅多におらんのに、いいよ。素泊まりじゃけど、いいんかえ？後で布団だけ持って来ちゃるわ」

ここの「いいんかえ？」も良い。山梨県出身の辻村は、よくぞ大分方言の特徴をつかんで書いている。うれしくなる。

母早苗はゆくゆく夫となる拳とは劇団仲間である。今は母子で拳を捜す旅に出ている。

別府タワーにも触れている。

「タワーと言えば東京タワーかスカイツリーを連想する早苗の目には、ずいぶん小ぶりに見える。だけど、それがいい。夜になれば『アサヒビール』のネオンがあたたかく灯って、タワーはさらに存在感を増すはずだから」

そう、優しいまなざしである。田舎のタワーはどこかお人よしに見えて、控えめで、その街にちょうどいい。

筆者が暮らす福岡にも小ぶりの「博多タワー」がある。正式には博多ポートタワーと云うが、これがなんとも可愛い。長身の福岡タワーより好きだ。

辻村深月「青空と逃げる」③

別府市　二〇一五年

母早苗は、この別府で働かなくては力少年を食べさせてはいけない。タウン誌の求人欄で亀川温泉という文字の下に「砂かけさん」の募集を見つける。

「別府名物、砂場で私たちと一緒に〝砂かけさん〟として働きませんか?」

経験不問とも書いている。

面接へ行く。

「どう?　気持ちいいところじゃろう。

上人ヶ浜は開放感のある場所やし、右手は高崎山。左手は松林」

　竹瓦温泉の砂場も有名だが、やはり屋外の浜辺の砂湯は気持ちがいい。辻村は砂場をこう描いている。実際に体験したのだろう。

「砂の重量感に、早苗は目を見開いた。源泉を吸った後の砂は、不思議な肌触りだ。思っていたより重たい、と最初に感じたけれど、肩が埋まる頃には、羽毛布団にくるまれているような感覚になってくる」

　早苗は砂かけの仕事を得て、寝泊りしている風呂屋の掃除も引き受けていた。力少年にも母は砂湯を体験させる。周りは良い人ばかりで、早苗は力と別府の町になじんでいく。

　力は別府の学校に通うよう早苗から勧められる。高崎山にも訪れ、猿たちの習性や母子猿の可愛さにも触れている。力の父親はある女優と問題を起こしていた。父が仙台に居ることを知る。芸能プロからの追手もかかり、母子は慌てて、こんどは別府から仙台へ逃げる。

　母子の成長の記録であり、土地は違っても、青空はすべて繋がっている。辻村の「青空と逃げる」は、別府の良さがふんだんの読み物である。

　幼い頃、父母は中津からよく別府に連れて行ってくれた。高崎山、竹瓦の砂風呂、地獄めぐり、ラクテンチでは、名物のあひるのレースが子供心に楽しかった。

加賀乙彦
「殉教者」

国東市　二〇一六年

一六一五年、二代将軍徳川秀忠の頃、長崎をたって、マニラ、マカオ、マラッカ海峡を渡り、ゴアからホルムズ海峡を通り、バグダードから、日本人で初めて聖地エルサレムに辿り着いた「ペトロ・カスイ岐部」（岐部茂勝、一五八七～一九三九年）の物語である。すでにキリシタン禁教令は発布されていた。

著したのは加賀乙彦（一九二九年生、医師、作家）氏、作品名は「殉教者」（二〇一六年、講談社）、現国東市出身のペトロ岐部の殉教までの人生を描いている。

「岐部一族の住んでいたのは、九州の国東半島の北方の海岸、海をへだてて形のよい小島、姫島が近くに望めるあたりであった。そこは豊後の浦辺とよばれ、その昔には国東郡伊美郷に属する（中略）広く言えば伊美、狭く言えば岐部を故郷とすると、父ロマノより教えられていた。」

父子二代にわたる熱心なキリスト教信者である。ペトロは有馬のセミナリオ（少年たちの神学校）で勉強し、エルサレムへ行くことを渇望していた。イエス・キリストに自分を倣いたかったのだ。大海原を越え、灼熱の砂漠を越え、エルサレムに辿り着く、まさに孤独で苛烈な殉教の旅である。

帰路はイスタンブールに寄り、ローマに滞在し、バルセロナ、マドリードを経て、リスボンから喜望峰を回り、アユタヤ（タイ）に寄り、マニラに寄り、いろいろな騒動や試練、嵐、大嵐に合いながらやっと薩摩坊津の浜に帰り着く。

約一五年の月日が経っていた。江戸での逆さ吊りの拷問にも、穴吊りの拷問にもペトロ岐部は転ばず、ついに火刑に処せられる。「苦しみの死」こそ、イエスに少しでも近づける最高の苦難苦行の喜びだった。

国見町岐部には「ペトロ・カスイ岐部神父記念公園」がある。

石牟礼道子「泣きながら原」

玖珠郡九重町　二〇二〇年

石牟礼道子（天草市出身、一九二七〜二〇一八年）は、一九六九年（昭和四十四年）「苦海浄土―わが水俣病」（講談社）を世に問う。筆者が大学時代、東京でもすぐに学生仲間で話題になり、彼女は一気に世に揚名した。命がけの渾身の原稿だった。

彼女は短歌も俳句も多くものしている。とくに「泣きながら原」という悲しい地名が気に入っていた。地図に「泣きながら原」

という地名はない。古称である。場所は九重町涌蓋山の麓の一帯、詳しく言えば飯田高原の北西、天ヶ谷貯水池の南から西、地蔵原から柴館峠までのことである。秋にはそれは見事なすすき野となる。

この高原には朝日長者伝説がある。長者原の地名の由来である。朝日長者のあまりの奢侈、おごり高ぶりに神罰が下り、落ちぶれさびれて死んでいく。この長者には三人の娘がおり、末の姫は玖珠へ嫁しており、長女と次女は没落した館を捨て、妹のところを頼ろうとする。

しかし二人は柴館峠まで来て、息絶える。芒《すすき》と霧の「泣きなが原」を泣きながらさまよい力尽きたのである。

この地に吟行した石牟礼は、この古称を気に入り、句を多くものしている。

「おもかげや泣きなが原は色うすき虹」

「たずねゆく泣きなが原や霧の海」

「泣きなが原鬼女ひとりいて虫の声」

二〇二〇年、弦書房刊の「色のない虹」に収録されている。

石牟礼は鬼女となって、野行、山行、すすき野を行った。鬼女にならなくては、「苦海浄土」ほか、あれほどの仕事はできなかったであろう。

泣きなが原、筆者も生きることに草臥れると、ここまで泣きに来る。

門馬直人監督
映画「サブイボマスク」

中津市　二〇一六年

我が故郷中津を舞台にした映画である。「サブイボマスク」（門馬直人監督、主演ファンキー加藤、小池徹平、平愛梨、二〇一六年）、もちろん中津市という町ではなく、「道半街（みちなかばまち）」というシャッターの閉じられたゴーストタウン商店街である。日本中の小さな街は、郊外型ショッピング・モールの跳梁跋扈で絶滅危惧種になっている。

ロケ地は、まさに筆者が生まれ、父母が大陸から引き揚げて来て、小さな商売をして育ててくれたアーケードの「日ノ出町商店街」である。撮影のほとんどは、人影のないこの通りで行われている。物心ついた頃、昭和三十年代、この通りは中津市の目抜きで、土曜の夜市などは人をかき分けかき分け歩いたものだった。

駅前にはパチンコが二軒あり、ビリヤード場があり、スマートボールがあり、喫茶店は何軒もあり、ダンスホールもあり、紡績工場のお姉さんたちが夜、おめかしして踊りに来ていた。この日ノ出町の周りには映画館は五軒もあり、まさに田舎の銀座だった。皆、どこへ行ってしまったのか。昼なお暗き商店街に一陣の風は彷徨《さまよ》い吹けども、ただむなしく左右の路地に消えていくだけ。

映画のストーリーは、一人の若者がプロレスラーだった父の覆面（サブイボマスク）を付けて、商店街の人々を鼓舞し、「町おこし」を行おうというものだ。ただし、町はひとりで勝手には起き上がらない。町おこしとは、人おこし。これが映画のメッセージだ。その通り、そこが気に入った。

筆者が幼いころ遊んでいた日ノ出町が、また再び昔のような活気を取り戻せればと切に願うだけだ。

時々、墓参りに帰省して、この日ノ出町を歩く。飲食店がふえてきたようだが、それもいい活気のある街に戻ってほしいものだ。

広木隆一監督
映画「ナミヤ雑貨店の奇蹟」

豊後高田市　二〇一七年

「ナミヤ雑貨店の奇蹟」（広木隆一監督、二〇一七年）は、ヒットメーカー東野圭吾の原作である。西田敏行が雑貨店の店主で、町で暮らす人々の悩みを手紙で受けて、彼は心底考えて、その答えをまた手紙で返す。

他の若手登場人物が良い。山田涼介、村上虹郎、寛一郎三人組はこの廃屋ナミヤ雑貨店に潜り込むと、タイムスリップが起こる。悩みの手紙がシャッターの投函口から入れられる。今は亡き店主に代わって、その手紙の悩みに三人は真摯に答えていく。ほかに林遣都、門脇麦、みな今は出世し、テレビに映画に昇竜の俳優さんばかりだ。脇を名女優尾野真千子が固めている。

ロケは豊後高田市新町通り商店街を中心に行われている。いわゆる「昭和の町」である。映画でも、「新町通り商店街」の入口のゲートが映る。朝、昼、夜、三通りの商店街が映し出される。

筆者は中津出身なので、つい中津の日ノ出町商店街と比べてしまう。子供時代、夏の夜市のときは人、人、人で歩き辛いほどぎっしりだったが、今は閑古鳥のシャッター街。豊後高田が羨ましいかぎりだ。

ロケ地を紹介すると、若手三人組が車で走り去るシーンは中央公園、ほか宮町商店街。ナミヤ親子が車で走るシーンは粟島公園前の国道。林遣都の祖母の葬儀は妙寿寺、あと桂川べりや、筆者も子どもの頃よく行った真玉海岸、山田涼介が駆け抜ける桂橋ほか、とにかく豊後高田がふんだんに撮影されている。二〇年、三〇年たった時の貴重な資料映像ともなるだろう。

見終わると、馥郁と心温まる良い着地の作品となっている。終わりの余韻の中に、昭和三十年代の日本人の美しい心情、謙虚さ、律義さ、思いやりがすべて盛り込まれているからである。

町田そのこ「52ヘルツのクジラたち」

佐伯市　二〇二一年

町田そのこさんの「52ヘルツのクジラたち」は二〇二一年度の本屋大賞を受賞した。

クジラのなかでも52ヘルツで唄うクジラは珍しい。いくら唄っても、仲間を求めても、周波数が高すぎては誰も受け止めることはできない。ゆえに友は見つからないのである。現代の孤独な若者たちの例えとしている。

舞台は大分県の海辺の町、佐伯市米水津のようである。母に虐待されてきたキナコは、祖母が晩年ひとりで暮らした家をもらい受け移住する。高齢者ばかりの村である。この村でキナコは、都会でどうも風俗嬢をしていたのではと噂される。

「わたしの住む家は、小高い丘のほぼ頂上にある。わたしの家から裾に広がる海の間には数十軒の古い家屋があって、その半分ほどが空き家だ。昔は漁場として栄えたらしいけれど、今は漁師になるひとが少なくて、その上どんどん都会に移り住んでいくとかで活気がない」

「堤防の梯子を上がると、海が広がっている。右手側に港と魚市場があって、船が何艘か停まっているのが遠目に見える。左手の奥には、海岸。地元の子どもたちがよく水遊びをしている」

キナコはこの祖母が暮らした家で、静かにひっそりと暮らすために越してきた。その過程が徐々に解き明かされていく。キナコは52ヘルツのクジラである。大海をひとりさまよっている。この海辺の村で一三歳の少年と出会う。やはりキナコと同じように母親に虐待されているようである。

この少年とキナコの周波数があって、共鳴し合うまでの物語である。生きるということは切なく涙ぐましい。声は聴こえなくても、人は助けてと52ヘルツで泣いている。

すべって転んで文学県——あとがきにかえて

我が故郷は、「すべって転んで大分県」と面白いコピーで比喩されていた。それだけの県かと、胸を張れずに生きてきた。長じて、故郷の事を勉強していると、「日本一の温泉県」であることは間違いない。九重山群や耶馬渓のように「風光明媚県」でもある。美味しいものが多く「美味求真県」でもある。が、それだけではない。多くの文人墨客が訪ね旅をした文学県でもあった。

文豪夏目漱石や森鷗外、国木田独歩、徳冨蘆花、田山花袋、与謝野晶子・鉄幹、竹久夢二、柳原白蓮、野上弥生子、高浜虚子、種田山頭火、柳宗悦、吉川英治、織田作之助、火野葦平、大仏次郎、坂口安吾、川端康成、内田百閒、阿川弘之、松本清張、埴谷雄高、獅子文六、吉行淳之介、原田種夫、永井龍男、瀬戸内寂聴、立原正秋、尾辻克彦、司馬遼太郎、遠藤周作、林真理子、小林秀雄、城山三郎、リリー・フランキー、五木寛之、葉室麟、浅田次郎、辻村深月、加賀乙彦、石牟礼道子ほか、大分出身者の文献も紐解き、大分県を舞台にした文学をほぼ網羅した。かつ、そのうえに映画の舞台にもなった作品群も観て調べ上げた。結果、わが故郷大分県はまごうことなく「文学県」でもあった。

これは二〇一六年四月より、二〇二二年十月まで、およそ六年六ヵ月、西日本新聞大分版に連載したものである。この間大分総局の皆々様には大変お世話になった。この場をお借りして深く厚く御礼申し上げる。

二〇二三年一月吉日

矢野寛治

〈著者略歴〉

矢野寛治（やの・かんじ）

一九四八年（昭和二十三年）、大分県中津市生まれ。成蹊大学経済学部卒。博報堂OB。元・福岡コピーライターズクラブ理事長。西日本新聞を中心にエッセイ、コラム、映画評、書評を執筆。

RKB放送「今日感テレビ」コメンテーターを一〇年、RKBラジオ「週刊ぐらんざ」パーソナリティを二年担当。西日本新聞大分版に「ヤノカンのキネマと文学」、月刊誌「ぐらんざ」に、「ハットをかざして」を連載中。

著書『ふつうのコピーライター』（共著、宣伝会議）、『なりきり映画考』（書肆侃侃房）、『団塊少年』（筆名・中洲次郎、書肆侃侃房）、『伊藤野枝と代準介』（弦書房、二〇一四年度地方出版文化功労賞奨励賞）『反戦映画からの声　あの時代に戻らないために』、『団塊ボーイの東京《1967―1971》』（以上、弦書房）。福岡市在住。

「日本文藝家協会」会員。

わが故郷のキネマと文学

二〇二三年二月二〇日発行

著者　矢《や》野《の》寛《かん》治《じ》
発行者　小野静男
発行所　株式会社　弦書房
（〒810・0041）
福岡市中央区大名二―二―四三
ELK大名ビル三〇一
電話　〇九二・七二六・九八八五
FAX　〇九二・七二六・九八八六

印刷・製本　アロー印刷株式会社

ISBN978-4-86329-259-8　C0095